Tony Buzan

Power Brain

Tony Buzan

Power Brain

Ihr Weg zu einem phänomenalen Gedächtnis

Aus dem Englischen übersetzt von Britta Wisser

mvg Verlag

Die Deutsche Bibliothek – CIP-Einheitsaufnahme

Buzan, Tony:
Power brain: Ihr Weg zu einem phänomenalen Gedächtnis / Tony Buzan. Aus dem Engl. übers. von Britta Wisser. – 2. Aufl. – Landsberg ; München : mvgVerl., 2002
Einheitssacht.: Master your memory <dt.>
ISBN 3-478-08332-X

2. Auflage Oktober 2002
1. Auflage August 2002 erschienen unter ISBN 3-478-08312-5

Aus dem Englischen übersetzt von Britta Wisser.

Umschlaggestaltung: Vierthaler & Braun, München
Satz: Wolfgang Appun, München
Druck- und Bindearbeiten: Ebner & Spiegel, Ulm
Printed in Germany 08332/100201
ISBN 3-478-08332-X

Inhalt:

Über den Autor

Tony Buzan, bekannt als Meister des Gedächtnisses, ist wie kein anderer autorisiert, das Buch zu schreiben, das Sie jetzt gerade lesen.

Mit seinem Wissen über das Gedächtnis erwarb er sowohl in verschiedenen Geistes- als auch Naturwissenschaften mehrere Diplome. Er hält mit seinem enormen Gedächtnis etliche Rekorde und ist Urheber des Mind Mapping® (dem „Schweizer Offiziersmesser des Gehirns", ein Werkzeug zur Steigerung der Gedächtnisleistung, das seit 500 Jahren die erste größere Innovation auf diesem Gebiet darstellt). Buzan hat mehrere Bestseller geschrieben und ist Gründer der World Memory Championships.

Außerdem ist Tony Buzan Vorsitzender der Brain Foundation, Gründer des Brain Trust, der Brain Clubs und Mitbegründer der Mind Sport Olympiad. Auf ihn geht der Begriff der Geistigen Alphabetisierung (Mental Literacy®) zurück.

Als weltweit führender Verfasser von Büchern zum Thema Gehirn, Gedächtnis und Lernen veröffentlichte er allein oder in Kooperation mit anderen Autoren 52 Bücher, darunter auch vier Gedichtbände. Seine Bücher, z.B. *Das Mind-Map-Buch; Brain Selling, Kopftraining für Verkäufer; Kopftraining, Anleitung zum kreativen Denken, Tests und Übungen; Memory Power. Die Gebrauchsanweisung für Ihr Gehirn; Mind Mapping – Der Weg zu Ihrem persönlichen Erfolg; Mind mapping – Der Schlüssel für deinen Lernerfolg; Nichts vergessen! Kopftraining für ein Supergedächtnis,* wurden inzwischen in 100 Ländern veröffentlicht und in 28 Sprachen übersetzt. Weltweit erreichen seine Bücher Auflagen von fast drei Millionen Exemplaren, der Verkauf stieg in den letzten 26 Jahren rapide an.

Tony Buzan ist zu einem international bekannten Medienstar geworden, der im In- und Ausland in vielen Fernseh-, Video- und Radioproduktionen als Gast, Moderator oder Koproduzent auftritt. Darunter ist die Reihe *Use Your Head*

(BBC TV), die rekordverdächtige Einschaltquoten erreichte, die Reihe *Open Mind* (ITV), die Sendung *The Enchanted Loom* (eine Dokumentation über das Gehirn) und zahlreiche Talkshows. Im November 1997 trat er live im amerikanischen Fernsehen auf und brach den bestehenden Weltrekord im Auswendiglernen einer vielstelligen Zahl, nachdem er der ganzen Welt die World Memory Championships und die Mind Sports Olympiad im Fernsehen präsentiert und damit schätzungsweise 1,5 Milliarden Zuschauer erreicht hatte.

Er berät Regierungen und multinationale Unternehmen (z.B. BP, Barclays International, Digital Equipment Corporation, Electronic Data Systems, General Motors, Hewlett Packard and IBM) und hält Vorträge in führenden international tätigen Unternehmen, an Universitäten und Schulen. Von den Mitgliedern der Young Presidents' Organisation (YPO, eine internationale Organisation von Multimillionären) wird er liebevoll „Mr. Brain" (Herr Gehirn) genannt. Einen Großteil seines Engagements widmet er lernbehinderten Menschen. Außerdem ist er weltweit der Mensch mit dem höchsten Kreativitäts-IQ. Zuletzt hat er an der Entwicklung des *Mind Man* mitgearbeitet, einem Computerprogramm, das es dem Carbon-Gehirn (Mensch!) ermöglicht, das Silikon-Gehirn (Computer!) dazu zu benutzen, Mind Maps zu erzeugen, die vor allem dazu dienen, Informationen aufzunehmen und abzuspeichern und somit eine Grundlage zu schaffen, um Mind Maps auch für kreative Zwecke einzusetzen.

Seine neueste Entwicklung ist das zweite neue Master Memory System der letzten 500 Jahre, die Self-Enhancing Master Memory Matrix (SEM^3).

In dem Ihnen vorliegenden neuen Buch stellt Tony Buzan dieses System vor, das Ihre Intelligenz erheblich erweitern wird, und erklärt Ihnen, wie Sie es einsetzen können, um sich ganze Wissensbereiche zu erschließen und einzuprägen.

Dank

Folgenden Personen möchte ich aus vollem Herzen für ihre hervorragende Leistung danken: Dr. Susan Whiting, Großmeisterin des Gehirns und viermalige Gedächtnis-Weltmeisterin der Frauen, für ihre unermüdlichen Bemühungen, mir zu helfen, das SEM^3 so zu gestalten, daß andere es leichter verstehen und anwenden lernen; Vanda North, meiner privaten Lektorin, für ihre Unterstützung für meine Idee und dafür, daß sie so fest an die Vision der „Geistigen Alphabetisierung" glaubte; dem internationalen Schach- und Gehirnsport-Großmeister Ian Docherty für seine Unterstützung bei der Entwicklung des SEM^3 und für seine Master Mind Map, die mich zu den Mind Maps inspirierte, die Sie in diesem Buch finden; den hervorragenden Künstlern Lorraine Gill und Christopher Hedely-Dent dafür, daß sie mir halfen, Kunst schätzen zu lernen, und für ihre Unterstützung bei der Recherche für den „Künstler-Abschnitt" in diesem Buch; meiner Assistentin Lesley Bias, die dafür sorgte, daß alle anderen Projekte reibungslos weiterliefen, und die die Produktion meines Buches überwacht hat; meiner lieben Mutter, Jean Buzan, die mit Adleraugen mehr als 25 Fehler in der „korrigierten Endfassung" meines Manuskripts fand; meiner Recherche-Assistentin, dem Computergenie Susanne Pumpin, die den Wust von Informationen in diesem Buch von meinem Gehirn in das Gehirn des Computers übertrug; meiner wunderbaren Agentin Sarah Wooldridge, die für dieses Buch das neue, perfekte Zuhause fand; und meiner lieben Herausgeberin Sheila Ableman, die alle meine BBC-Bücher, einschließlich diesem Baby, zur Geburt und einer gesunden Entwicklung verhalf; dem hervorragenden Künstler und „Mind Mapper" Alan Burton und seinen Kunstwerken, deren mnemonische Potenz nur noch von den niveauvollen und kreativen Gesprächen *über* seine Kunstwerke übertroffen wurden, sowie dem reizenden Lektorenteam von BBC, mit besonderem Dank an Sally Potter und Kelly Davis.

Vorwort

von Dominic O'Brien, GMM

(Erster und amtierender Gedächtnis-Weltmeister)

Wenn ich Ihnen die Geschichte eines Jungen erzählen würde, der einige Fünfer im Zeugnis hatte, mit sechzehn die Schule verließ, von seinen Lehrern gesagt bekam, daß er es zu nichts bringen würde und der dann schließlich Gedächtnis-Weltmeister wurde, dann würden Sie wahrscheinlich denken, daß ich einen Roman schreibe, und daß diese Geschichte keinesfalls wahr sein kann. Sie *ist* es aber. Dieser „Versager" war ich!

Nachdem ich die Schule verlassen, herumgereist und zahlreiche Jobs ausprobiert hatte, sah ich eines Tages im Fernsehen einen Mann, Creighton Carvello, der sich in weniger als drei Minuten die Karten eines kompletten Kartenstapels einprägen konnte. Für mich war das wie Zauberei, obwohl offensichtlich kein Trick dahintersteckte. Creighton hatte sich die Karten tatsächlich in dieser erstaunlich kurzen Zeit gemerkt.

Ich dachte so bei mir: Ich habe genauso ein Gehirn wie er. Wenn er so etwas Tolles kann, dann muß es eine Methode geben, mit der ich das gleiche leisten könnte. Und dann machte ich mich daran, mich selbst zu trainieren.

Nach ein paar Monaten erreichte ich die kritische Marke von drei Minuten. Ich fragte mich gerade, was ich als nächstes mit meinem rapide anwachsenden „Gehirnmuskel" anfangen sollte, als ich 1991 von den ersten Gedächtnis-Weltmeisterschaften hörte, die von dem Autor, dessen Buch Sie gerade lesen, Tony Buzan, organisiert wurden. Ich schrieb mich für den Wettbewerb ein, und nach ein paar schweren geistigen Kämpfen erklärte man mich zum ersten Gedächtnis-Weltmeister.

Die Grundprinzipien, die ich verwendete, um meinen Weltmeistertitel zu erlangen, sind die gleichen, wie Tony

Buzan sie in seinem Buch beschreibt. Wenn Sie diese Prinzipien auf die Wissensmatrizen anwenden, die *Power Brain* so anschaulich darstellt, dann werden Sie sowohl die Welt des Gedächtnisses als auch die Welt des Wissens für sich erschließen. Sie werden feststellen, daß ein solches Training und die ständige Anwendung der Prinzipien Ihnen die gleichen Vorteile verschafft, die ich dadurch erreichte: mehr Selbstvertrauen, eine erhebliche Erweiterung meines Vorstellungsvermögens, mehr Kreativität, eine enorme Verbesserung meiner Sinneswahrnehmung und, auch das, einen viel höheren IQ!

Ich fühle mich sehr geehrt, Ihnen dieses aufschlußreiche Buch empfehlen zu dürfen, dessen Autor in seinem Leben schon so viele Referenzen bekommen hat. Tony hat nicht nur den höchsten Kreativitäts-IQ der Welt, sondern ist auch Autor von über 20 Bestsellern zum Thema Gedächtnis und Lernen. Er hat die Brain Foundation gegründet, ist Mitbegründer der Mind Sports Olympiad und Schöpfer der inzwischen weltberühmten Mind Maps. Er wurde vom Forbes Magazin als einer der fünf besten internationalen Referenten bezeichnet, zusammen mit Michail Gorbatschow, Henry Kissinger und Margaret Thatcher. In meinen Augen ist Tony sowohl im gesprochenen als auch im geschriebenen Wort weltweit der Mensch mit den größten Kommunikationsfähigkeiten.

Ich wünsche Ihnen viel Glück auf Ihrer Reise, von der ich weiß, daß sie Ihr Leben auf wunderbare Weise verändern wird.

Dominic O'Brien

Vorwort

von Dr. Susan Whiting, GMM

(Erste und amtierende Gedächtnisweltmeisterin)

Jeder, der ernsthaft daran interessiert ist, sein Gedächtnis zu verbessern – und das sollte eigentlich heißen jeder von uns, denn wir alle haben ein Gedächtnis, das man verbessern kann – sollte *Power Brain* lesen.

Ich stieß vor ein paar Jahren zum ersten Mal auf dieses Buch, nachdem ich eine vielversprechende berufliche Karriere abgebrochen und mich statt dessen auf meine junge Familie konzentriert hatte. Wie viele Menschen in meiner Situation stellte ich fest, daß ich zusätzliche geistige Herausforderungen brauchte. Außerdem war ich, glaube ich, schon immer an Lerntechniken interessiert, vor allem wenn es darum ging, mir das Lernen für Prüfungen zu erleichtern und mir all die Kleinigkeiten zu merken, die der Alltag so mit sich bringt.

Zum Glück erfuhr ich dann von Tony Buzans Arbeit und las eine erste Ausgabe von *Master Your Mind*. Das Buch brachte eine Riesenüberraschung für mich – ich hätte nie gedacht, daß es Spaß machen könnte, sich Informationen zu merken! Denn schließlich war die Vorbereitung auf irgendwelche Prüfungen immer recht mühsam und, wenn ich das so sagen darf, langweilig gewesen. Plötzlich wurde es nicht nur möglich, sich Dinge zu merken, sondern es machte auch noch Spaß, und so wurde die Verbesserung meiner Gedächtnisleistung zu meinem Hobby.

Die Gedächtnistechniken, die ich in Tonys Arbeiten beschrieben fand, führten mich zu weiteren Wissensbereichen. Dabei ging es nicht darum, sich etwas nur um des Behaltens willen einzuprägen. Dadurch, daß ich mir viele Komponisten und ihre Werke gemerkt habe, habe ich ein viel besseres Verständnis für die Zeit, in der sie lebten, bekommen. Mein Gehirn ist in diesem Bereich sensibilisiert, und ich kann ihre Musik noch besser genießen. Und weil ich jetzt für jeden einzelnen Komponisten einen „Haken“ in meinem Gedächtnis habe, kann ich ganz leicht weitere Informationen hinzufügen.

Kunst und Künstler waren nie Thema meiner vorangegangenen Studien gewesen, aber sich einmal die Zeit zu nehmen und etwas über sie zu lernen hat sich wirklich ausgezahlt. Zunächst einmal hat es Spaß gemacht, etwas völlig Neues zu lernen, und Sie können sich vorstellen, wie groß meine Freude war, als ich in die National Gallery ging und in jedem Raum Gemälde entdeckte, die ich mir eingeprägt hatte. Ich konnte meinen Kindern alle möglichen Einzelheiten über die Maler und über bestimmte Stile erzählen – ein sehr befriedigendes Erlebnis, nicht nur weil die Kinder ihre Mutter nun mit neuem Respekt betrachteten.

All dies führte dazu, daß ich 1994 Gedächtnis-Weltmeisterin der Frauen und 1996 erste und einzige weibliche Gedächtnis-Großmeisterin wurde.

Ich wünschte, ich hätte diese Gedächtnistechniken schon früher kennengelernt, bevor ich all meine Prüfungen schrieb! Sie, liebe Leserin und lieber Leser, haben genau diese Möglichkeit. Dieses Buch wird Ihnen beibringen, wie Sie auf höchst vergnügliche Weise lernen können – aber Vorsicht: Man kann davon abhängig werden!

Susan Whiting

1 Eine Geschichte, die Sie für den Rest Ihres Lebens nicht mehr vergessen werden

Einmal saß ein Student ängstlich und aufgeregt an seinem ersten Tag in seiner ersten Vorlesungsstunde. Man hatte ihn wie alle anderen Studenten dieses Kurses bereits davor gewarnt, daß Professor Clark nicht nur der beste Anglistik-Professor war, den die Universität je hatte, sondern daß er auf seine Studenten von der Höhe seiner Begabung herabsah und seine geistigen Fähigkeiten dazu benutzte, um sie zu blamieren und zu verwirren. Der Professor war absichtlich zu spät gekommen – was die Spannung noch erhöhte!

Professor Clark betrat lässig schreitend den Raum und musterte die Klasse mit blitzenden Augen und einem spöttischen Lächeln auf den Lippen.

Anstatt zu seinem Pult zu gehen und zur Vorbereitung der Stunde seine Papiere zu ordnen, hielt er *vor* dem Pult an, verschränkte die Hände hinter dem Rücken und sagte mit demselben eindringlichen Blick und höhnischem Grinsen: „Englisch, erstes Semester? Die Anwesenheitsliste ..." Dann begann er, wie eine Maschinengewehrsalve, die Namen der vor Schreck wie versteinerten Studenten zu brüllen:

„Abrahamson?" „Hier, Sir!"
„Adams?" „Hier, Sir!"
„Barlow?" „Hier, Sir!"
„Bush?" „Hier, Sir!"
„Buzan?" „Hier, Sir!" ...

Als er zum nächsten Namen kam, brüllte er „Cartland", worauf eine tödliche Stille folgte. Sein Blick wurde noch forschender, als der Professor wie ein Großinquisitor jeden einzelnen der versteinerten Studenten streng musterte, als erwartete er von ihnen, daß sie ihren – bereits identifizierten – Namen „gestehen" sollten. Als er noch immer keine

Antwort bekam, seufzte er tief und sagte doppelt so schnell, wie man normalerweise spricht: „Cartland? ... Jeremy Cartland, Adresse: 2761 West Third Avenue; Telefonnummer: 794 6231; Geburtsdatum: 25. September 1941; Name der Mutter: Jean, Name des Vaters: Gordon; ... *Cartland?*“ Noch immer keine Antwort! Die Stille wurde fast unerträglich, bis er sie, genau im richtigen Moment, mit einem gebrüllten „**Abwesend!**“ beendete.

Und so ging der Professor ohne zu zögern die gesamte Liste durch. Immer wenn ein Student abwesend war, verfuhr er genau wie bei Cartland, wobei er jedes Mal sämtliche Daten über den Abwesenden herausbrüllte, obwohl er an diesem Tag überhaupt nicht wissen konnte, wer anwesend und wer abwesend war, und obwohl er keinen der Studenten jemals vorher gesehen hatte. Jedem in der Klasse wurde immer deutlicher bewußt, daß er über jeden von ihnen eine Reihe biographischer Einzelheiten wußte.

Nachdem er die Liste mit „Zygotski?“ ... „Hier, Sir!“ beendet hatte, schaute er die Studenten boshaft grinsend an und sagte: „Das heißt, daß Cartland, Chapman, Harkstone, Hughes, Luxmore, Mears und Tovey nicht anwesend sind!” Wieder machte er eine Pause und sagte dann: „Das werde ich mir notieren ... ***irgendwann einmal!***“

Sprach’s, drehte sich um und verließ den Raum, in dem nun erschrockene Stille herrschte.

Für den faszinierten Studenten war dies einer der Augenblicke, in dem ein „unrealistischer Lebenstraum“ wahr wurde: der Traum, sein Gehirn so zu trainieren, so daß es in einer Vielzahl unterschiedlicher Situationen perfekt funktioniert.

- Sich alle Namen, Geburtsdaten, Todestage und alle wichtigen Fakten über die wichtigsten Maler, Komponisten, Schriftsteller und anderen „Großen der Welt“ merken zu können!
- Sich Sprachen einprägen zu können!
- Sich die riesigen Datenmengen aus den Biologie- und Chemiefachbüchern merken zu können!
- Sich jede x-beliebige Wortreihe merken zu können!
- Sich etwas so einprägen zu können wie der Professor!

Ein Student sprang vom Sitz auf, stürmte aus dem Klassenzimmer und holte Professor Clark auf dem Flur ein. Atemlos stieß er seine Frage hervor: „Sir, wie haben Sie *das* geschafft?!“ In der ihm eigenen gebieterischen Art und Weise antwortete der Professor: „Mein Sohn, weil ich ein Genie bin!“ Dabei drehte er sich wieder um und hörte nicht mehr, wie der Student murmelte: „Ja, schon, Sir. Aber *trotzdem, wie* haben Sie das geschafft?!“

Zwei Monate lang bedrängte er das „Genie“, das sich schließlich seiner annahm und ihm, ohne daß die anderen Studenten etwas davon mitbekamen, die „Zauberformel“ übersetzte, mit der man sein Gehirn so strukturiert, daß man Gehirnleistungen vollbringen kann wie die, die an diesem denkwürdigen ersten Tag die Studenten so in Erstaunen versetzt hatte.

In den nächsten 20 Jahren verschlang der Student jedes Buch, das er über Gedächtnis, Kreativität und die Funktionsweise des menschlichen Gehirns finden konnte – immer mit der Vision, eines Tages ein Super Memory System zu finden, mit dem er die Gedächtnisleistung des Professors übertreffen konnte.

Das erste dieser Systeme war die Memory Mind Map, das „Schweizer Offiziersmesser für das Gehirn“, das es dem Anwender nicht nur ermöglichte, sich Fakten korrekt und flexibel einzuprägen, sondern mit diesem Gedächtnis kreativ zu sein, zu planen, zu denken, zu lernen und zu kommunizieren.

Nach der Mind Map entstand das riesige, nützliche und leicht anzuwendende Super Matrix Memory System, das als Datenbank funktioniert und dem Menschen sofortigen Zugang zu jeder beliebigen wichtigen Informationsstruktur ermöglicht, die für ihn wichtig und notwendig ist.

Nach 25 Jahren entstand dieses neue System.

Der faszinierte Student war ich!

Ich freue mich, Ihnen dieses neue System heute präsentieren zu dürfen.

2 Wie man *Power Brain: Das Tony-Buzan-Training* anwendet

Um Sie auf das größte intellektuelle Abenteuer Ihres Lebens einzustimmen, beweise ich Ihnen im ersten Abschnitt dieses Buches, daß Ihr eigenes Gedächtnis problemlos und ohne Fehler eine Leistung vollbringen kann, die sonst nur einer von hundert schafft.

Wenn ich Ihnen bewiesen habe, daß Ihr eigenes Gedächtnis fähig ist, auf dieser hohen Ebene zu funktionieren, zeige ich Ihnen Gedächtnis-(Mnemo-)Techniken, die ursprünglich von den alten Griechen entwickelt wurden, und ich werde Ihnen erklären, wie sich diese Techniken bis heute weiterentwickelt haben.

Als nächstes erkläre ich Ihnen die Gedächtnisprinzipien, die Ihnen die Bausteine zur Verfügung stellen, nach denen Sie Ihre neuerworbenen Gedächtnisfähigkeiten strukturieren sollten. Dabei wird gleichzeitig Ihre Sinneswahrnehmung verbessert.

Danach werde ich Ihnen die neuesten Ergebnisse der Gehirnforschung präsentieren, vor allem jene Bereiche, die sich mit der linken und rechten Gehirnhälfte und der Beziehung zwischen dem Großhirn, dem Mittelhirn und dem Kleinhirn beschäftigen. An dieser Stelle werden Sie den Zusammenhang zwischen den Gedächtnisprinzipien und den neuesten Erkenntnissen über die Funktionsweise unseres Gedächtnisses erkennen.

Ausgestattet mit dem Wissen darüber, wie dieses Prinzip funktioniert, wie man seine Sinne schärfen und wie man seine Gedächtnisfähigkeiten richtig einsetzen kann, werden Sie etwas Erstaunliches feststellen: daß Sie, als Sie die erste Gedächtnisaufgabe lösten, bereits nicht nur das von den Griechen entwickelte Gedächtnisprinzip benutzten, sondern, ohne es zu wissen, die neuesten Erkenntnisse über Ihr Gedächtnis so nutzten, daß es hervorragend funktionierte!

Als nächstes wird Ihnen die erste wichtige Gedächtnistechnik vorgestellt – das *Major System*. Das ist die Technik, die von den meisten der weltbesten Gedächtniskünstler, Mnemonisten und Mental-Athleten, die z.B. an den Memoriaden und den Gedächtnis-Weltmeisterschaften teilnehmen, angewendet wird. Zuerst zeige ich Ihnen, wie Sie sich eine Einkaufsliste mit zehn Begriffen mit Hilfe des Major Systems einprägen, und dann, wie Sie diese Fähigkeit um das Zehnfache steigern können und sich somit 100 Begriffe merken können.

Die nächsten Schritte von 100 zu 1.000 bis zu 10.000 erscheinen Ihnen möglicherweise wie ein unerfüllbarer Traum. Um Ihnen zu zeigen, daß es *durchaus* möglich ist, werde ich Ihnen einige der neuesten Experimente auf dem Gebiet des Lernens und Behaltens vorstellen, die Ihnen zeigen, daß Ihr Gehirn sich nicht nur 10.000, sondern sogar noch mehr Begriffe mit erstaunlicher Genauigkeit merken kann.

Weitere Belege bieten auch einige der großen „Gehirne" der Geschichte (die genauso ein Gehirn hatten wie Sie!). Ich werde Ihnen Beispiele nennen, die Ihnen zeigen, zu welchen außergewöhnlichen Leistungen das menschliche Gehirn fähig ist. Ich betone noch einmal, daß deren Gehirn das gleiche wie Ihres war; sie wußten eben nur, es nach der Methode, wie sie in *Power Brain: Das Tony-Buzan-Training* beschrieben ist, zu nutzen.

Inzwischen werden Sie in der Lage sein, sich problemlos die Self-Enhancing Master Memory Matrix (SEM^3) einzuprägen. Wenn Sie die Matrix verinnerlicht haben, können Sie sich *jede* beliebige wichtige Datenmenge einprägen und merken.

Sie verfügen dann über die Grundbausteine in den Bereichen Musik, Malerei, Literatur, Wissenschaft, Astronomie, Sprachen, Geschichte und Geographie.

Sie werden feststellen, daß Sie, schon während Sie Ihre Gedächtnistechniken weiterentwickeln und sich die grundlegenden Wissensstrukturen merken, Ihren „Gedächtnismuskel" erheblich stärken und *gleichzeitig* andere geistige Fähigkeiten, wie Konzentration und Kreativität, verbessern.

Ich möchte damit beginnen, Ihnen zu beweisen, daß Ihr Gedächtnis weitaus besser ist, als Sie denken!

3 Der Beweis, daß Ihr Gedächtnis funktionieren kann: Das einfache und wirkungsvolle Verknüpfungssystem

Der Gedächtnistest, den Sie jetzt durchführen sollen, hat etwas mit den Planeten des Sonnensystems zu tun. Nachdem ich mich während der letzten 25 Jahre mit diesem Thema beschäftigt habe, glaube ich, daß die folgende Statistik für ein durchschnittliches Publikum von 1000 Lesern zutrifft:

1. 900 von 1.000 Menschen haben irgendwann einmal die Namen der Planeten erlernt und gewußt.
2. Jeder von ihnen wurde im Laufe seines Lebens, entweder in der Schule oder über die verschiedenen Medien, zwischen 10 und 100 Stunden mit diesem Thema „konfrontiert".
3. 100 von 1.000 Menschen *denken*, sie wissen, wie viele Planeten es im Sonnensystem gibt.
4. 40 von 1.000 Menschen wissen, daß sie wissen, wie viele Planeten es sind.
5. Zehn *denken*, sie kennen die Reihenfolge der Planeten bezüglich ihrer mittleren Abstände zur Sonne.
6. Zehn von 1.000 wären bereit, darauf zu wetten!

Der Grund für diesen erschreckenden Wissensverlust liegt in der Tatsache, daß uns niemals beigebracht wurde, wie wir Dinge für den Rest unseres Lebens behalten können.

Überprüfen Sie Ihr Wissen und Ihre Erfahrung in diesem speziellen Gedächtnistest:

- Haben Sie die Planeten des Sonnensystems gelernt, und wenn ja, wie häufig und über welchen Zeitraum?

- Wissen Sie die nach dem heutigen Stand der Wissenschaft ermittelte Anzahl der Planeten im Sonnensystem?
- Wissen Sie, wie sie heißen?
- Kennen Sie die Reihenfolge der Planeten bezüglich ihrer mittleren Abstände zur Sonne?

Der Test

Schreiben Sie die Namen aller Planeten unseres Sonnensystems auf. Und jetzt tragen Sie die Planetennamen in die Abbildung 1 neben die Zahlen 1 bis 9 ein, wo sie Ihrer Meinung nach hingehören, wobei die Sonne sich unten links befindet (ein kleiner Tip: Sagittarius ist kein Planet!). Wenn Sie damit fertig sind, schlagen Sie auf Seite 22 die korrekte Reihenfolge der Planeten nach. Geben Sie sich für jeden richtig eingetragenen Planeten einen Punkt. Wenn Sie den richtigen Planetennamen auf einer falschen Position eingetragen haben, bekommen Sie ebenfalls 0 Punkte, genauso, als würden Sie die Zahlen einer Telefonnummer vertauschen. Die durchschnittliche Punktzahl bei diesem Test liegt weltweit zwischen ein und zwei Punkten, also wundern Sie sich nicht, falls auch Sie nur so wenige Punkte erzielt haben.

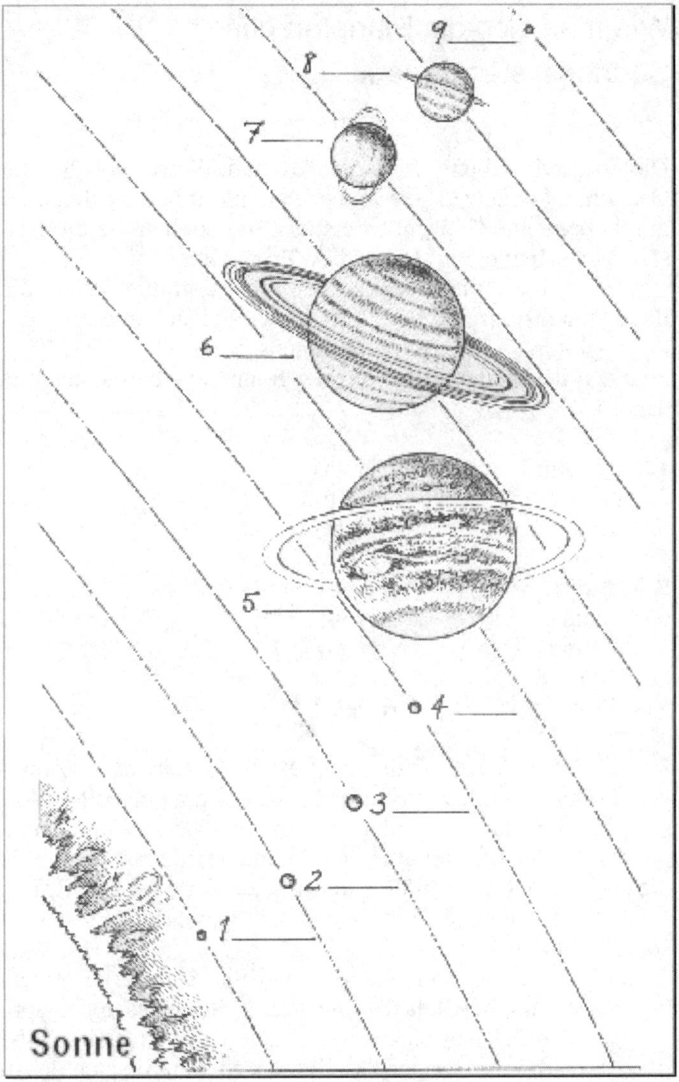

Abb. 1: Die neun Planeten unseres Sonnensystems – schon beim dritten Planeten bereitet diese Aufgabe die größten Schwierigkeiten! Wie man sich die Planeten für den Rest seines Lebens merkt, erfahren Sie auf Seite 22ff.

Wie man sich die Planeten des Sonnensystems merkt

Die folgende Übung wird die Art und Weise, wie Sie Ihr Gedächtnis benutzen, für immer verändern und es Ihnen ermöglichen, eine Gedächtnisleistung zu erzielen, die die meisten Menschen nie im Leben bewältigen können!

Befolgen Sie die Anweisungen sehr sorgfältig, lassen Sie Ihrer Phantasie freien Lauf, und lassen Sie sich überraschen!

Es gibt *neun* Planeten im Sonnensystem.

Nach der Reihenfolge von der Sonne aus betrachtet sind das:

1.	Merkur	(klein)
2.	Venus	(klein)
3.	Erde	(klein)
4.	Mars	(klein)
5.	Jupiter	(groß)
6.	Saturn	(groß)
7.	Uranus	(groß)
8.	Neptun	(groß)
9.	Pluto	(klein)

Um sich die Planeten für den Rest Ihres Lebens einzuprägen, sollen Sie mit Hilfe Ihrer Phantasie ein spezielles Verknüpfungssystem anwenden und damit eine zusammenhängende und phantasievolle Geschichte erfinden. Wenn Sie diese Geschichte sorgfältig und bis zu Ende lesen, wird es Ihnen am Ende schwerer fallen, sie zu vergessen, als sich an sie zu erinnern!

Stellen Sie sich vor, daß dort wo Sie jetzt gerade sitzen und lesen, eine herrliche **Sonne** strahlt. Sie müssen die Sonne ganz deutlich vor sich sehen. Fühlen Sie ihre Hitze, und bestaunen Sie ihr orangerotes Glühen. Stellen Sie sich neben der Sonne ein kleines (es handelt sich ja um einen kleinen Planeten) Thermometer vor, das mit diesem flüssigen Metall gefüllt ist, mit dem man die Temperatur mißt, dem Quecksilber (Englisch: **Mercury**).

Stellen Sie sich vor, daß die Sonne den Raum immer weiter aufheizt und es schließlich so heiß wird, daß das Thermometer zerspringt. Sie sehen, wie über den ganzen Schreibtisch und den Fußboden vor Ihnen kleine Kügelchen dieses flüssigen Metalls *mercury* fließen. Als nächstes stellen Sie sich vor, wie eine zauberhafte kleine Göttin hereinstürmt, um zu sehen, was passiert ist, und nun neben Ihnen steht. Verleihen Sie ihr Farbe, ziehen Sie ihr Kleidungsstücke an (wenn Sie wollen!), parfümieren Sie sie ein, formen Sie sie nach Ihren Wünschen. Wie wollen wir diese hübsche kleine Göttin nennen? Ja genau, **Venus**!

Sie konzentrieren sich mit all Ihren Sinnen so stark auf die Venus, daß Sie sie praktisch leibhaftig vor sich sehen. Sie sehen, wie die Venus wie ein kleines Kind mit dem ausgelaufenen *mercury* spielt und es ihr schließlich gelingt, eine der Quecksilberkugeln aufzuheben. Sie ist so über diese Silberkugel entzückt, daß sie sie in hohem Bogen zum Himmel hinaufwirft (Sie können der Kugel mit Ihrem Blick folgen, weil sie einen langen Lichtstrahl hinter sich herzieht). Schließlich fällt sie aus großer Höhe wieder herunter und landet mit einem riesigen „Bums!" wieder in Ihrem Garten, was Sie nicht nur hören, sondern auch körperlich als Erschütterung spüren.

Und auf welchem Planeten befindet sich Ihr Garten? Auf der **Erde**.

Durch die Wucht des Wurfes und den hohen Bogen hinterläßt die Kugel beim Aufprall einen kleinen Krater, wodurch Erde aufgewirbelt wird, die sich in dem Wort *Erde* im Garten Ihres Nachbarn ablagert.

Stellen Sie sich weiter vor, daß Ihr Nachbar in dieser Phantasiereise ein kleiner (es handelt sich ja um einen kleinen Planeten), rotgesichtiger (es ist ein roter Planet), wütender, kriegerischer Kerl ist, der in der erhobenen Hand einen Schokoladenriegel hält. Und wer ist dieser Kriegsgott? **Mars**.

Mars ist wütend, daß die Erde in seinen Garten gefallen ist und will gerade auf Sie losstürmen, als ein Riese die Szene betritt, der so groß und stark ist, daß der Boden, auf dem Sie stehen, bebt (und das müssen Sie *fühlen*). Sie sehen ihn vor sich. Er ist 30 Meter groß. Stellen Sie ihn sich genauso leibhaftig vor wie die Venus. Er befiehlt Mars, sich zu beruhigen, was Mars auch sofort tut, weil dieser Riese, der ein riesiges geschwungenes „J" auf der Stirn trägt, nicht nur Ihr Freund, sondern auch der König der Götter ist, der fünfte Planet: **Jupiter**.

Als Sie zu dem 30 Meter hohen Jupiter aufsehen, sehen Sie auf seinem T-Shirt das Wort „SUN" in glänzenden goldenen Buchstaben auf seiner riesigen Brust prangen. Jeder dieser riesigen Buchstaben steht als Anfangsbuchstabe für die nächsten drei großen Planeten des Sonnensystems: **Saturn, Uranus, Neptun**.

Auf Jupiters Kopf sitzt laut und fröhlich bellend, weil er die Szene so umwerfend komisch findet, ein kleiner (weil der Planet so klein ist) Walt-Disney-Hund, genannt **Pluto**.

Lassen Sie diese Phantasie noch einmal vor Ihrem geistigen Auge ablaufen, und Sie werden sehen, wie schwierig es ist, sie zu vergessen!

Weitere Untersuchungen darüber, wieviel die Menschen über die Planeten wissen, bevor man sie mit den Gedächtnisprinzipien vertraut machte, zeigten:

a) 800 von 1.000 Menschen interessierten sich eigentlich nicht für die Planeten und schenkten Informationen über die Planeten kaum Aufmerksamkeit.
b) 100 von 1.000 meinten, sich für die Planeten zu interessieren.
c) 100 von 1.000 interessierten sich absolut nicht für die Planeten, sie lehnten das ganze Thema rundweg ab.

Nachdem sie sich die Planeten mit Hilfe ihrer Vorstellungskraft und der Verknüpfung eingeprägt hatten, interessierten sich praktisch alle 1000 Menschen aktiv für die Planeten.

Diese noch andauernde Studie zeigt sehr deutlich: Wenn man das menschliche Gehirn mit Daten füttert, die es schnell vergißt oder durcheinanderbringt, lehnt es weitere Daten über diesen Bereich ab. Im Laufe der Zeit wehrt sich das Gehirn immer heftiger gegen Informationen über das jeweilige Thema, je mehr Informationen es bekommt, so daß es kaum noch neue Informationen zu diesem Thema aufnimmt und schließlich jegliche derartige Information ablehnt.

Wenn aber andererseits das Gehirn Informationen in einer geordneten und einprägsamen Matrix abgespeichert hat, wird jede noch so kleine neue Information an die bestehenden Informationen „angehängt", und so entsteht ein Muster des Erkennens, des Verstehens und des Erinnerns, das wir Wissen nennen.

Wenn Sie z.B. hören, daß man eine Raumsonde zur Venus gesandt hat und Sie wissen *nicht*, wo die Venus im Sonnensystem liegt, dann ist Ihr Gehirn zunächst einmal verwirrt. Sie wissen nicht, in welche Richtung die Sonde von der Erde aus fliegt, ob die Venus heiß oder kalt ist, in welcher Beziehung sie zur Sonne steht und warum man überhaupt eine Raumsonde zur Venus schickt. Die Folge ist, daß Ihr Gehirn diese Information abweist.

Wenn Sie aber *wissen*, daß die Venus der zweite Planet von der Sonne aus gesehen ist und daß sie innerhalb der Erdumlaufbahn der Erde am nächsten ist, dann wissen Sie auch, daß die Raumsonde, wenn sie zur Venus fliegt, zu einem Planeten fliegt, der näher an der Sonne liegt und daher auch heißer ist als die Erde. Ihr Gedächtnis hat somit eine geistige Vorstellung von Richtung, Temperatur und der Nähe zur Erde und wird *automatisch* entsprechende Assoziationen herstellen. Während Ihr Gedächtnis das tut, festigt es gleichzeitig Ihr Wissen über die anderen Planeten. Je mehr Sie wissen und *behalten*, desto leichter und unwillkürlicher werden Sie Ihr Wissen erweitern.

Sie werden schnell erkennen: Je mehr strukturiertes Wissen in Ihrem Gedächtnis vorhanden ist, vor allem wenn es in Matrixform geordnet ist, desto leichter ist es, sich noch mehr Informationen zu merken. Ihr Gedächtnis ist so leistungsfähig, daß es, wenn einmal diese Matrizen verinnerlicht wurden, neue Informationen *ohne Ihr bewußtes Zutun* in diese Struktur einpaßt. Vielleicht möchten Sie einmal einen ersten Versuch starten, indem Sie die detaillierten Informationen über alle Planeten lernen (siehe Kapitel 19).

Wenn Sie hingegen über keine grundlegenden Gedächtnis- und Wissensstrukturen verfügen, dann wird Ihr Gedächtnis um so mehr Informationen aus der Struktur herauslösen und vergessen, je mehr Wissen Sie ihm präsentieren. Am Ende sitzen Sie mit einem immer weiter anwachsenden „Wissen von all dem, was Sie vergessen und nicht behalten haben“ da!

Wenn Sie also Ihr Gedächtnis gut nutzen, dann können Sie sich auf ein Leben mit ständig zunehmender Merkfähigkeit und ständig wachsendem Wissen freuen. Es wird Ihnen zunehmend leichter fallen, sich Dinge zu merken, und als Folge davon werden Sie immer besser mit Ihrem Gedächtnis umgehen können und mehr Spaß haben.

Sie haben soeben ein „Gedankenexperiment“ durchgespielt, in dem Techniken angewandt wurden, die schon die großen Genies in der Geschichte der Menschheit angewandt haben. Sobald Sie einen Freund oder ein Familienmitglied treffen oder mit ihm telefonieren, bringen Sie ihm oder ihr bei, was Sie gerade gelernt haben – das ist eine hervorragende Übung für Sie und wird die Information noch weiter in Ihrem Gedächtnis festigen, und für Ihre Freunde oder Verwandten ist es ein nützliches Geschenk. Ermutigen Sie sie, dasselbe zu tun, und in ein paar Jahren werden Sie dafür gesorgt haben, daß jeder auf der Erde weiß, wo die Erde eigentlich liegt.

Im nächsten Kapitel führe ich Sie in die Geschichte der Gedächtnis-(Mnemo-)Techniken ein, und Sie bekommen erste Informationen darüber, warum Ihr Gehirn in der Lage war, die Aufgabe, die Sie soeben gelöst haben, so erstaunlich gut zu bewältigen.

4 Das Gedächtnis – Grundprinzipien und Techniken

Wußten Sie, daß über 95 Prozent aller Autofahrer schon einmal die erstaunlichste „Vergessensleistung" bewerkstelligt haben, die man sich nur vorstellen kann?! Sie fuhren mit ihrem Auto zu einem Einkaufszentrum, einem Flughafen, zum Theater oder zu Freunden und mußten nach ihrer Rückkehr zum Parkplatz feststellen, daß ihnen ihr Auto abhanden gekommen war (weil sie vergessen hatten, wo sie es abgestellt hatten).

Wie ist das *möglich*?! Es handelt sich schließlich um ein Fahrzeug, das zwei Tonnen wiegt, das diese Menschen für viel Geld gekauft haben, in das sie eingestiegen sind und das sie gefahren haben, das sie auf den Parkplatz gesteuert und eingeparkt haben, dessen Motor sie abgestellt haben, aus dem sie ausgestiegen sind und dessen Tür sie zugeworfen und abgeschlossen haben.

So etwas kann das Gehirn doch nicht vergessen, oder?

Wenn Sie dieses Kapitel gelesen haben, werden Sie erkennen, daß diese Menschen etwas so Wichtiges in solch einer Situation nicht nur vergessen, sondern daß es tatsächlich *vorhersehbar* ist, daß sie es vergessen, weil sie die Grundregeln unseres Gehirns mißachtet haben. Lesen Sie weiter, und Sie werden wissen, warum ...

Der Hintergrund

Schon bevor moderne Gehirnwissenschaften neurophysiologisch und psychologisch die außergewöhnliche Kraft und das Potential des Gehirns entdeckten, hatten die Griechen herausgefunden, daß die geistige Leistung erheblich verbessert werden kann, wenn bestimmte Techniken angewandt werden.

Die Griechen entwickelten grundlegende Gedächtnisprinzipien, die man Mnemotechniken nennt. Der Name ist eine Huldigung an die Göttin des Gedächtnisses, Mnemosine.

Diese Mnemotechniken wurden unter den Mitgliedern der intellektuellen Elite der damaligen Zeit ausgetauscht und dazu benutzt, in der Öffentlichkeit erstaunliche geistige Leistungen zu vollbringen, die diesen Menschen persönliche, wirtschaftliche, politische und militärische Vorteile brachten.

Die Griechen waren also „**Gedächtnisgladiatoren**“, ihre Arena war das intellektuelle Amphitheater, ihre wichtigste Waffe war ihr Gedächtnis. Sie riefen sich gegenseitig Fragen über die Anzahl, die Namen und Reihenfolge der griechischen Stadtstaaten und exakte Zitate aus großen literarischen und juristischen Werken zu.

Wer gewann, wurde Senator, Held und soziale Leitfigur.

Die Techniken basierten auf Grundprinzipien, die die Gedächtnisleistung enorm verbessern konnten, obwohl sie sowohl einfach waren als auch Vergnügen bereiteten.

Die drei Gedächtnisprinzipien

Durch Selbstbeobachtung, Diskussionen und Gespräche fanden die Griechen heraus, daß das Gedächtnis zum größten Teil aus **Assoziationen** besteht; daß es funktioniert, indem es Dinge miteinander verbindet. So wird Ihr Gehirn sich, sobald es das Wort „Apfel“ registriert, an die Farbe, den Geschmack, die Oberflächenbeschaffenheit und den Geruch dieser Frucht erinnern, aber auch an die Erlebnisse, Freunde und Begebenheiten, die damit verbunden sind.

Die Griechen erkannten außerdem, daß es neben der Assoziation auch wichtig war, sich eine angenehme, mehrere Sinnesorgane ansprechende **Vorstellung** von der jeweiligen Sache zu machen.

Der dritte Eckpfeiler des Gedächtnisses ist der **Speicherplatz**. Mit anderen Worten: Damit Ihr Gehirn sich etwas merkt, das es vorher assoziiert und bildlich dargestellt hat, muß es diese Erinnerung/die Vorstellung an einem bestimmten Platz ablegen.

Hier eignet sich besonders gut eine Bibliothek als Vergleich. Wenn Sie in eine Bibliothek gehen, in der eine Million Bücher lagern, und ein bestimmtes Buch suchen, wäre es dann einfacher, wenn alle Bücher in der Mitte auf dem Fußboden aufgetürmt wären und Sie per Zufallsprinzip suchen würden oder wenn alle Bücher schön sauber und ordentlich katalogisiert und geordnet wären? Offenbar ist letzteres der Fall. *Power Brain* hilft Ihnen, genau das für Ihr Gedächtnis zu tun!

Die zwölf Gedächtnistechniken

Hier sind 12 spezielle Techniken, wie Sie Ihrem Gedächtnis helfen können, die Faktoren Assoziation, Imagination und Speicherort zu nutzen.

1. **Synästhesie/Sensualität:** Synästhesie bedeutet Verschmelzung von Eindrücken mehrerer Sinne. Die großen „natürlichen“ Gedächtniskünstler und Mnemoniker besaßen eine hohe Wahrnehmungsfähigkeit aller Sinnesorgane. Eine Steigerung des Erinnerungsvermögens erreichten sie dadurch, daß sie jene Wahrnehmungen miteinander verschmolzen haben. Für die Verbesserung der Leistungsfähigkeit des Gedächtnisses ist es erwiesenermaßen wichtig, das/den
   a) Sehvermögen
   b) Hörvermögen
   c) Geruchssinn
   d) Geschmackssinn
   e) Tastsinn
   f) kinästhetischen Sinn – die Empfindung eigener körperlicher Bewegung (Muskelsinn)

   zu sensibilisieren und regelmäßig zu trainieren.
2. **Bewegung:** Bei jeder geistigen Vorstellung eröffnet der Bereich der Bewegung ein weiteres riesiges Spek-

trum an Möglichkeiten für Ihr Gehirn, Dinge zu verbinden und somit besser zu behalten. Gestalten Sie das, was sich vor Ihrem geistigen Auge bewegt, dreidimensional.

3. **Assoziation:** Alles, was Sie sich einprägen möchten, sollten Sie unbedingt mit einem unveränderlichen Objekt in Ihrem geistigen Umfeld assoziieren.
4. **Sexualität:** Wir haben auf diesem Gebiet ein fast perfektes Gehirn. Nutzen Sie es!
5. **Humor:** Je komischer, lächerlicher, absurder und surrealistischer Ihre geistigen Bilder sind, desto besser prägen sie sich ein. Haben Sie Spaß mit Ihrem Gedächtnis!
6. **Phantasie:** Nach Einsteins Meinung ist „Phantasie ... wichtiger als Wissen. Denn Wissen ist begrenzt, wohingegen die Phantasie die gesamte Welt umfaßt, dem Fortschritt Impulse gibt, die Evolution gebiert." Je mehr Sie Ihre Phantasie für die Erinnerung einsetzen, desto besser ist Ihr Gedächtnis.
7. **Zahlen:** Die Verwendung von Zahlen gibt der Grundregel von „System und Ordnung" eine spezifische Wirksamkeit.
8. **Symbole:** Wenn Sie ein normales oder langweiliges Bild durch ein sinnfälligeres, bedeutungsvolleres ersetzen, erhöhen Sie die Wahrscheinlichkeit, sich zu erinnern.
9. **Farbe:** Wann immer es möglich und sinnvoll ist, verwenden Sie alle Farben des Regenbogens, um Ihre Ideen „farbiger" und damit einprägsamer darzustellen.
10. **Ordnung und/oder System:** In Verbindung mit den anderen Grundregeln können Sie mit Ordnung und/oder System blitzartig Rückschlüsse ziehen, ihr Gehirn verfügt über unzählige Möglichkeiten des „direkten Zugriffs".
11. **Positive Grundtendenz:** In den meisten Fällen eignen sich positive und angenehme Bilder besser für Erinnerungszwecke, weil das Gehirn gern auf diese Bilder zurückkommt. Negative Bilder könnten – selbst wenn Sie alle obenstehenden Grundprinzipien befolgt haben und selbst wenn die Bilder selbst durchaus einprägsam

sind – durch das Gedächtnis blockiert werden, weil Ihr Gedächtnis es als unangenehm empfindet, auf solche Bilder zurückzugreifen.

12. **Übertreibung:** Lassen Sie Ihre geistigen Bilder übertrieben groß, unförmig, grell und laut erscheinen.

Nun kennen Sie die drei Grundprinzipien und die 12 Techniken. Rufen Sie sich noch einmal in allen Einzelheiten die Geschichte mit den Planeten ins Gedächtnis. Achten Sie einmal darauf, welche der drei Grundprinzipien im Laufe der Geschichte angewendet werden und wie viele der 12 Gedächtnistechniken.

Jetzt werden Sie verstehen, warum Sie so hervorragend abgeschnitten haben und warum Ihr Gedächtnis, wenn Sie es so einsetzen, wie es eingesetzt werden sollte, Wunder vollbringen kann.

Neue Beweise für die Theorien der Griechen

Die neuesten Ergebnisse im Bereich der Gehirnforschung, vor allem zum Thema linke und rechte Gehirnhälfte, haben bestätigt, daß wir alle im Laufe der Jahrtausende eine erstaunliche Gehirnfunktion erworben haben, die eine enorme Bandbreite geistiger Fähigkeiten bietet, die nur richtig trainiert und entwickelt werden müssen, um sie zu festigen und zu verbessern. Zu diesen „linken und rechten Gehirnfunktionen" gehören:

1. Sprache
2. Ordnung
3. System
4. Zahlen
5. Reihen
6. Linearität
7. Analytische Fähigkeiten
8. Rhythmus
9. Farbe
10. Phantasie

11. Vorstellungsvermögen
12. Dimension
13. Räumliches Denken
14. Gestalt (ganzheitliche Bilder)

Im Kleinhirn und im Mittelhirn sowie teilweise im Großhirn verstreut liegen unsere zusätzlichen geistigen Fähigkeiten:

1. Sehen
2. Hören
3. Riechen
4. Schmecken
5. Tasten
6. Bewegungen im dreidimensionalen Raum
7. Reagieren
8. Gefühle zeigen

Ein kurzer Vergleich zeigt die außerordentliche Übereinstimmung zwischen dem, was die Griechen durch Selbstanalyse und praktische Übungen herausgefunden haben, und dem, was die moderne Wissenschaft mit Hilfe eleganter wissenschaftlicher Methoden entdeckte.

Ausgerüstet mit dieser doppelten Bestätigung ist es nun möglich, die grundlegenden Gedächtnisprinzipien sicherer und wirkungsvoller anzuwenden, was eine ungeahnte Steigerung Ihrer Gedächtnisleistung, aber auch der anderen geistigen Fähigkeiten gewährleistet.

Jetzt überprüfen Sie noch einmal sorgfältig die Planetengeschichte Schritt für Schritt darauf, wie viele Fähigkeiten der linken und der rechten Gehirnhälfte genutzt wurden. Sie werden feststellen, daß es praktisch alle sind!

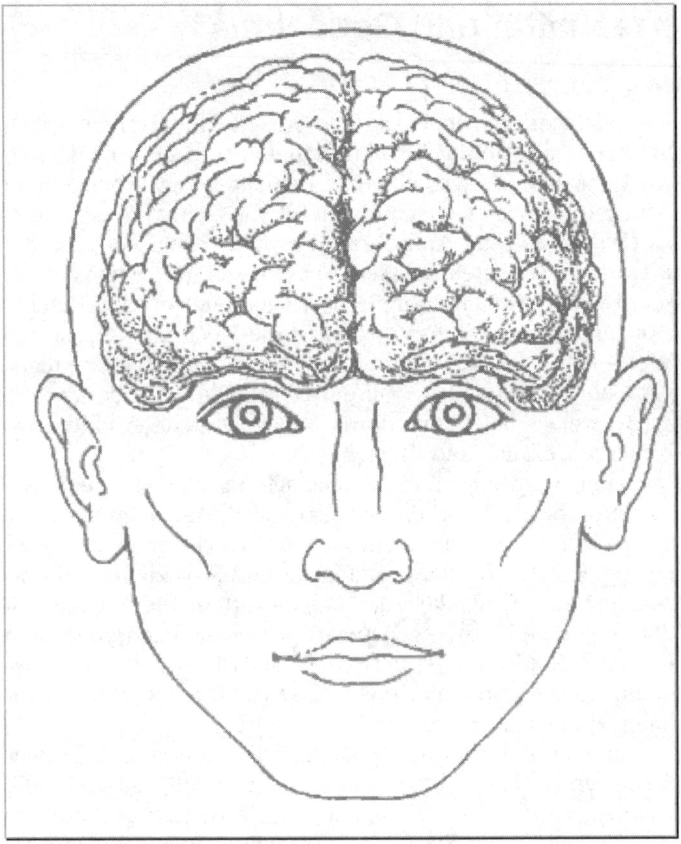

Abb. 2: Die linke und rechte Gehirnhälfte. Die Nutzung der Fähigkeiten *beider* Gehirnhälften steigert Ihre Gedächtnisleistung um ein Vielfaches.

Kreativität und Gedächnis

Sie verfügen nun über das theoretische Hintergrundwissen, Sie haben die Übung mit den Planeten gemacht. Allmählich wird Ihnen klar, wie eng die Beziehung zwischen einem richtig trainierten Gedächtnis und Ihrer Kreativität ist.

Der wichtigste Antriebsmotor Ihrer Kreativität ist die *Phantasie*. Das kreative Genie begibt sich auf Phantasiereisen, führt Menschen in unberührte und unerforschte Reiche. Dort erzeugen neue *Assoziationen* die Erkenntnisse, die die Welt einen kreativen Durchbruch nennt – die Werke kreativer Genies können den Lauf der Geschichte verändern.

So war es bei Leonardo da Vinci, Darwin, Archimedes, Newton, Cézanne und Einstein.

Damit wird klar, daß das Gedächtnis Phantasie und Assoziation benutzt, um die Vergangenheit am richtigen Platz abzuspeichern und sie in der Gegenwart wieder *entstehen* zu lassen; Kreativität heißt, Phantasie und Assoziation zu nutzen, um den Gedanken der Gegenwart in die Zukunft zu übertragen und diesen gegenwärtigen Gedanken irgendwann in der Zukunft wieder *entstehen* zu lassen – z.B. ein Gedicht, eine Symphonie, ein wissenschaftlicher Zusammenhang, ein Gebäude oder ein Raumschiff.

An dieser Stelle ist es wichtig anzumerken, daß zwar Name und Zweck sich etwas unterscheiden, daß aber die *Grundprinzipien* von *Phantasie* und *Assoziation* dieselben sind. Wann immer Sie Gedächtnistechniken anwenden oder üben, verbessern Sie *automatisch* auch Ihre kreativen Fähigkeiten.

Diese Übungen sind praktisch Gymnastikübungen für den Geist. Je mehr Sie im „mentalen Fitnessraum" trainieren, desto stärker werden Ihre „Gedächtnis- und Kreativitätsmuskeln".

Wenn man diese Vorstellung noch ein bißchen weiterentwickelt, dann ergibt sich für die Verbesserung Ihrer geistigen Fähigkeiten eine neue Formel: Je mehr Energie Sie für die Verbesserung Ihres Gedächtnisses aufwenden, desto besser wird auch Ihre kreative Leistungsfähigkeit. Dabei gibt es keinerlei Kapazitätsbegrenzungen. Mit anderen Worten: Energiezufuhr ins Gedächtnis und Energie plus Gedächtnis führen zu unbegrenzter Kreativität. Man kann die Formel auch folgendermaßen schreiben:

$$E \nrightarrow M = C^{\infty}$$

(Also: Energy plus Memory = unlimited Creativity!)

Mit dem SEM^3 System können Sie sich auf eine Reise zu unbegrenztem Erinnerungsvermögen und praktisch grenzenloser Kreativität begeben.

Gedächtnistechniken sind keine „Tricks"

Weil sie so unglaublich wirkungsvoll sind und weil wir in den letzten Jahrhunderten häufig dazu neigten, die Fähigkeiten des Gehirns zu verunglimpfen, glauben viele Menschen, daß Gedächtnistechniken irgendwie „irreal" oder „unnatürlich" sind und deshalb auf einem Trick basieren müssen. Unsere neuesten Erkenntnisse über die Funktionsweise des Gehirns und des Gedächtnisses haben jedoch gezeigt, daß das Gegenteil der Fall ist: Unser „normaler" Gebrauch des Gedächtnisses ist unnatürlich und kontraproduktiv, und die Erkenntnisse der Völker der Antike, wie z.B. der Griechen, waren in Wirklichkeit die richtigen und natürlichen ersten Schritte, um die unbegrenzten Möglichkeiten und die Vielschichtigkeit unseres Gedächtnisses zu entdekken und zu nutzen.

Bei den letzten acht World Memory Championships bestätigten mir alle Gedächtnis-Großmeister (vor allem die Weltmeister Dominic O'Brien und Dr. Susan Whiting), daß ihr natürliches und normales Gedächtnis immer besser wurde, je öfter sie die Mnemotechniken praktizierten.

Immer ausgereiftere Systeme

Die ersten Gedächtnisakrobaten erkannten, daß man von dem ursprünglichen Verknüpfungssystem ausgehend noch viel ausgereiftere und bessere Systeme entwickeln kann (weitere spezielle Systeme finden Sie in dem Buch *Nichts vergessen*, das ebenfalls vom Autor erschienen ist) und daß man sich sehr viel kompliziertere Daten genauso leicht merken kann wie die Planeten. Eines der erfolgreichsten dieser Systeme war das Major System, das ich im nächsten Kapitel erklären möchte. Das Major System ist der erste große Schritt, um das SEM^3 zu bewältigen.

5 Das Major System

Allmählich werden Sie erkennen, wie Professor Clark vor den verblüfften Erstsemsterstudenten diese außerordentliche Gedächtnisleistung vollbringen konnte. Um sich all die detaillierten Informationen merken zu können, mußte er das Grundgesetz von Ordnung und System anwenden. Wie er das gemacht hat? Mit dem Major System!

Der Geheimcode, den Sie gleich lernen werden, ist derselbe, wie Professor Clark ihn mir an diesem magischen Tag vor ungefähr 38 Jahren an der Tafel erklärte.

Das Major System wurde Mitte des 17. Jahrhunderts von Stanislaus Mink von Wennsshein entwickelt. Sein Ziel war, ein Gedächtnissystem zu entwickeln, das Zahlen in Buchstaben und Buchstaben in Zahlen umwandelt, so daß der Lernende in der Lage ist, aus jeder beliebigen Zahlenkombination Wörter zu machen und Zahlen aus jeder beliebigen Buchstabenkombination.

Im 18. Jahrhundert wurde dieses System durch den Engländer Dr. Richard Grey weiterentwickelt und verbessert.

Bei der Umwandlung von Zahlen in Buchstaben folgt das Major System einem bestimmten Code, der so gestaltet ist, daß er sich leicht merken läßt. Der Code lautet wie folgt:

Spezialcode

Zahlen		Die dazugehörigen Buchstaben
0	=	s, ß, z,
1	=	d, t, th
2	=	n
3	=	m
4	=	r
5	=	l
6	=	j, sch, ch,
7	=	k, ck, g, q, x
8	=	f, ph, v
9	=	b, p

Die Vokale a, e, i, o, u und Umlaute au, ei, eu, ä, ö, ü und die Buchstaben h, w und y haben keine assoziative Funktion und werden lediglich als „Leerzeichen“ oder „Füllzeichen“ bei den zu bildenden Schlüsselwörtern benutzt.

Die Nummern wurden deshalb gerade diesen Buchstaben zugeordnet, weil sie besonders einprägsam sind, wie die Erklärung im Kasten verdeutlicht. Die „Füllzeichen“ dienen dazu, die Wörter im Gedächtnis leichter zu finden.

Der Spezialcode des Major System prägt sich jedem, der die Gedächtnistechniken und Grundgesetze anwendet, praktisch sofort ein. Es funktioniert folgendermaßen:

Wie man sich den Major-System-Code einprägt

0 Der Buchstabe s, oder z, der erste Laut des englischen Wortes „zero“ = Null. Den Endbuchstaben o kann man auch als Ziffer 0 lesen.
1 Die Buchstaben d und t haben einen Abstrich (Linie von oben nach unten).
2 Der Buchstabe n hat zwei Abstriche.
3 Der Buchstabe m hat drei Abstriche.
4 Der Buchstabe r ist der letzte Buchstabe des Wortes Vier.
5 Der Buchstabe L entspricht dem römischen Zahlzeichen 50. Man kann ihn sich aber auch als eine Hand vorstellen (fünf Finger mit abgespreiztem Daumen).
6 Der Buchstabe J ist das Spiegelbild der Zahl 6
7 Der große Buchstabe K enthält umgedreht die Zahl 7.
8 Der handschriftliche Buchstabe f hat zwei Schlaufen, die zur Zahl 8 erweitert werden können.
9 Die Buchstaben b und p sind Spiegelbilder der Zahl 9.

Wenn Sie diesen Spezialcode verinnerlicht haben, können Sie jede Zahl in ein Wort umwandeln und jedes Wort in eine Zahl.

Das geschieht, indem Sie die Zahl in ihre jeweiligen Buchstaben umwandeln. Wenn Sie die Buchstaben in der richtigen Reihenfolge entschlüsselt haben, fügen Sie die Vokale und die Buchstaben h, w, y, usw., für die keine Zahlen stehen, als Füllzeichen ein, um sinnvolle Wörter daraus zu machen.

In der Tabelle auf Seite 40 sehen Sie, daß die Zahl 11 sich in die Buchstaben „t“ und „t“ umwandeln läßt und mit dem richtigen „Füllzeichen“ das Wort „Tat“ ergibt. Genauso ergibt die Zahl 41 die Buchstaben „r“ und „d“ oder „t“.

	0	1	2	3	4	5	6	7	8	9
00	Sau	Tee	Noah	Mai	Rah	Lee	Schuh	Kuh	Fee	Po
10	Tasse	Tat	Tanne	Damm	Teer	Tal	Tasche	Tag	Tief	Depp
20	Nase	Naht	Nonne	Name	Narr	Nil	Nische	Nixe	Navy	Nabe
30	Maß	Maat	Mann	Mama	Meer	Mal	Masche	Mac	Mafia	Mappe
40	Rose	Ratte	Ren	Rahm	Rohr	Ralle	Rache	Reck	Riff	Rabe
50	Lasso	Latte	Lahn	Lamm	Lehre	Lilie	Lasche	Lack	Lava	Laib
60	Schiß	Schute	Schiene	Schaum	Schar	Schal	Schach	Scheck	Schaf	Schabe
70	Kasse	Kat	Kahn	Kamm	Karo	Kehle	Koch	Kakao	Kaff	Kap
80	Faß	Watt	Fan	Fama	Ware	Wall	Fisch	Waage	Waffe	Wabe
90	Baß	Bad	Bahn	Baum	Bar	Ball	Bach	Backe	Beef	Baby

Mit dem passenden „Füll"-Vokal werden Sie nun auf das Wort „Ratte" stoßen, das sich sofort wieder in die Zahl 41 umwandeln läßt. (Dabei ist es sinnvoll, die Vokale der Reihenfolge nach auszuprobieren, also ein „a" vor einem „e" und ein „e" vor einem „i". Auf diese Weise können Sie ein vergessenes Wort aus dem Major System aus den Basisinformationen rekonstruieren.)

Genauso läßt sich die Zahl 82 in die Buchstaben „f" und „n" übersetzen. Auch hier werden Sie mit dem passenden Vokal sehr schnell auf das Wort „Fan" kommen, das sich wiederum in die Zahl 82 zurückübersetzen läßt.

Wie man sich Daten, Telefon-, Geheim- und Identifikationsnummern merkt

Mit dem Major System können Sie also jede beliebige Nummer (auch Telefonnummern) oder jedes beliebige Datum in sinnvolle Worte oder Sätze umwandeln, um sich diese Zahlen oder Daten leichter einprägen und jederzeit wieder abrufen zu können (siehe *Nichts vergessen*).

Mindestens genauso wichtig ist die Tatsache, daß das Gehirn mit Hilfe des Major Systems 100 Schlüsselvorstellungen im Gedächtnis erzeugen kann, die Sie dann mit 100 ganz beliebigen Dingen, die Sie sich einprägen möchten, verbinden können. Mit diesem Thema beschäftigen wir uns in den nächsten Abschnitten von *Power Brain*. Von dieser neuen Basis aus können Sie sich später 1000, 10.000 und schließlich endlos viele Dinge merken!

Das Major-System „Einhundert"

Das Major System „Einhundert" besteht aus den Ziffern 0 bis 99 und den Wörtern, die danebenstehen (Ihre Basis-Schlüsselwörter). Sie erzeugen diese Wörter, indem Sie aus den Buchstaben, die durch die Zahlen repräsentiert werden, und den notwendigen Vokalen passende Wörter bilden, die zurückübersetzt wieder in eine Nummer umgewandelt werden können. Wenn Sie prüfen, welche Vokale sich eignen, probieren Sie immer zunächst „a“, dann „e“, dann „i“, dann „o“ dann „u“ und dann die Konsonanten „h“, „w“ und „y“. Warum? Für den Fall, daß Sie aus irgendwelchen Gründen das Schlüsselwort einmal vergessen haben sollten, dann läßt es sich viel einfacher rekonstruieren, wenn Sie dazu die alphabetische Ordnung zu Hilfe nehmen.

Die 100 Grundbausteine (The Basic One Hundred) werden in Matrixform dargestellt, damit Sie auf einen Blick Zehnergruppen erfassen und erkennen können, nach welchem Muster das System aufgebaut ist. Das wiederum dient dazu, sich diese Matrix leichter einzuprägen.

Wenn Sie sich die „Basic One Hundred“ einprägen, achten Sie darauf, daß jedes Schlüsselwort in Ihrer Vorstellung auch wirklich ein ganz klares „Bild“ erzeugt, das so viele Gedächtnisprinzipien und -techniken wie möglich verkörpern sollte.

Wenn Sie mit zunehmender Erfahrung feststellen, daß ein bestimmtes Wort Ihnen immer wieder Schwierigkeiten bereitet und daß ein anderes Wort, das aus denselben Buchstaben besteht, immer wieder vor Ihrem geistigen Auge erscheint, dann sollten Sie das Wort benutzen, das sich Ihnen leichter einprägt.

Um Ihnen das Merken der „4“ zu erleichtern: Rah nennt man den Querbalken, an dem das Rahsegel befestigt ist.

Die ersten zehn

Um Ihnen diese Aufgabe etwas zu erleichtern, konzentrieren wir uns zunächst auf die Zahlen 1 bis 10. Stellen wir uns einmal vor, Sie müßten sich eine Einkaufsliste mit zehn unterschiedlichen Artikeln merken, und Sie haben keinen Kugelschreiber und kein Blatt Papier zur Hand, um die Liste aufzuschreiben (was sowieso meistens Zeitverschwendung ist, weil man vergißt, wo man die Einkaufsliste hingelegt hat).

Dann werden Sie sich mit Hilfe der Mnemotechniken und möglichst vieler Fähigkeiten sowohl der linken als auch der rechten Gehirnhälfte die Liste in der richtigen Reihenfolge, rückwärts oder in beliebiger Reihenfolge einprägen.

Stellen wir uns vor, Sie möchten sich die folgende Einkaufsliste einprägen:

1. Bananen
2. Äpfel
3. Schuhcreme
4. Zahnpasta
5. Becher
6. Kartoffeln
7. Tomaten
8. Mehl
9. Brot
10. Apfelsinen

Wenn Sie die Gedächtnisprinzipien und -techniken genauso anwenden, wie Sie es beim Einprägen der Planeten getan haben, werden Sie sich die Einkaufsliste möglicherweise folgendermaßen merken:

1. **1 – Tee/Bananen:** Stellen Sie sich vor, wie eine schöne, reife Banane vom Strauch direkt in eine riesige Tasse mit heißem Tee fällt. Genauso, wie Sie sich den Tee für die die Zahl 1 vorgestellt haben, sollen Sie auch die Bananen vor Ihrem geistigen Auge sehen, sie riechen, schmecken und fühlen.
2. **2 – Noah/Äpfel:** In diesem Beispiel stellen Sie sich Noah vor, wie er mitten im Sturm vor seiner Arche steht, mit wunderschönen, glänzenden roten und grünen Äpfeln jongliert und dabei hin und wieder lustvoll in einen Apfel hineinbeißt, bevor er sie schließlich einen nach dem anderen den Tieren zuwirft, die sie ebenso genußvoll verspeisen.
3. **3 – Mai/Schuhcreme:** Stellen Sie sich vor, wie Sie ein paar wunderschöne Lederschuhe mit maigrüner Schuhcreme einreiben. Sie müssen dieses Bild klar und deutlich vor Ihrem geistigen Auge *sehen*. Sie müssen sowohl das Leder als auch die Schuhcreme riechen. Hören Sie, wie die Bürste über das Leder rutscht. Und um

die ganze Szenerie noch ein wenig humorvoll zu gestalten, stellen Sie sich vor, daß Sie sich mit der Schuhcreme eine maigrüne Kriegsbemalung ins Gesicht malen.

Je individueller und übertriebener Ihre geistigen Bilder sind, desto besser, denn persönlich entwickelte Assoziationen sind immer einprägsamer als von anderen übernommene. Wenden Sie also für die restlichen sechs Artikel auf Ihrer Einkaufsliste wieder die Gedächtnisprinzipien an. Wenn Sie unsicher sind, gestalten Sie die Bilder noch phantasievoller und greller. Wenn Sie sich auf diese Weise die gesamte Liste eingeprägt haben, prüfen Sie sich oder lassen Sie sich von jemand anders abfragen. Falls Sie einen Artikel vergessen haben, beschäftigen Sie sich noch einmal mit diesem Gegenstand, analysieren Sie, wo der Schwachpunkt war, und stärken Sie Ihre Assoziation.

Wenn Sie alle zehn Artikel auswendig können, haben Sie Ihr erstes Verknüpfungssystem, das Sie zum Einprägen der Planeten benutzt haben, bereits weiterentwickelt. Man nennt dieses neue System das große Peg System. Peg Systeme verwenden, genau wie das Major System, besondere, feststehende Listen mit Schlüsselwörtern, an die Sie alles, was Sie sich merken möchten, anhängen können, genau wie eben die ersten 10 Positionen Ihrer Einkaufsliste.

Nur um Ihnen zu zeigen, wie gut Ihr Gedächtnis bereits ist, schreiben Sie, ohne auf das Major System auf Seite 40 oder die Einkaufsliste auf Seite 43 zu schauen, die ersten 10 Wörter der Major Liste und die dazugehörigen Artikel auf der Einkaufsliste auf.

Wie Sie das Major System verinnerlichen

Spielen Sie in den nächsten zwei, drei Tagen mit dem Major System ein wenig herum, festigen Sie Ihre Schlüsselwörter, verbessern Sie Ihre Geschwindigkeit, und achten Sie darauf, daß Sie dabei sowohl die bekannten Gedächtnisprinzipien und -techniken anwenden als auch Ihre Fähigkeiten in beiden Gehirnhälften. Dieses System soll Ihnen so vertraut werden wie Ihr Name, Ihre Adresse und Ihre Telefonnummer. Besondere, fortgeschrittene Anwendungsmöglichkeiten dieses Systems finden Sie in *Nichts vergessen*. Im übrigen Teil des Buches *Power Brain* wird das Major System benutzt, damit Sie irgendwann den Sprung von 100 zu 10.000 Schlüsselwörtern schaffen, und es dient als optimales „Fitness-Studio" für Ihr Gedächtnis.

Spielend von 100 auf 10.000 in einem Zug

Mit dem Basic One Hundred System können Sie jetzt ein System entwickeln, das so gestaltet ist, daß es sich praktisch automatisch einprägt. Mit diesem System, der „Self-Enhancing Master Memory Matrix" (SEM^3) können Sie das Grundsystem problemlos auf 10.000 Schlüsselwörter erweitern.

SEM^3 ermöglicht es Ihnen, nicht nur die Informationen zu speichern, die in *Power Brain* enthalten sind, sondern *jede* beliebige Liste, die Ihnen wichtig erscheint. Diejenigen von Ihnen, die den Universal Personal Organiser (UPO) benutzen (er ist im Buzan Centre erhältlich, die Adresse finden Sie im Anhang), können sich mit SEM^3 nicht nur die wichtigsten Ereignisse jedes einzelnen Lebensjahres, sondern die *jedes einzelnen Tages* einprägen!

Im folgenden Kapitel beweise ich Ihnen, daß Sie dazu in der Lage sind, erkläre Ihnen ausführlich die Self-Enhancing Master Memory Matrix und zeige Ihnen, wie man sie einsetzt.

6 Die Self-Enhancing Master Memory Matrix (SEM3): Die ultimative Lerntechnik

Ist das möglich?

Bevor wir ein System entwickeln, mit dem Sie bis zu 10.000 Dinge auswendig lernen können, ist es wichtig herauszufinden, ob unser Gehirn diese Datenmenge überhaupt bewältigen kann.

Sowohl die moderne Forschung als auch Erkenntnisse aus der Geschichte lassen darauf schließen, daß das menschliche Gehirn diese Menge problemlos bewältigen kann.

Der empirische Beweis

Raif N. Haber berichtet 1970 im *Scientific American* von folgendem Experiment: Man zeigte Versuchspersonen eine Reihe von 2.560 Dias, und zwar alle zehn Sekunden ein neues Dia. Die insgesamt sieben Stunden, die man zum Anschauen der Dias benötigte, wurden in mehrere Abschnitte unterteilt und über mehrere Tage verteilt. Eine Stunde nachdem am letzten Tag das letzte Dia gezeigt worden war, wurden die Versuchspersonen abgefragt. Man zeigte ihnen 280 Dias mit Paaren, von denen eine Person zu den Bildern gehörte, die sie bereits gesehen hatten, und die andere Person aus einer ähnlichen Reihe stammte, die sie jedoch noch nicht gesehen hatten. Im Durchschnitt lag das Erinnerungsvermögen selbst bei solch einer durch Pausen unterbrochenen Versuchsreihe bei 85 bis 95%.

In einem zweiten Experiment wurde die Vorführgeschwindigkeit um das Zehnfache erhöht. Die Versuchspersonen sahen also ein Dia pro Sekunde, doch das Ergebnis war dasselbe.

In einem dritten Experiment behielt man die hohe Geschwindigkeit bei, doch die Bilder wurden spiegelverkehrt gezeigt. Die Ergebnisse waren immer noch genauso gut.

Haber kommentierte diese Ergebnisse: „Diese Experimente mit optischen Reizen lassen darauf schließen, daß das *optische Wiedererkennungsvermögen praktisch unbegrenzt und fehlerlos funktioniert.* Die Ergebnisse wären wahrscheinlich sogar dieselben gewesen, wenn man den Versuchspersonen 25.000 und nicht 2.500 Dias gezeigt hätte."

In einem weiteren Experiment, von dem R.S. Nickerson im *Canadian Journal of Psychology* berichtet, wurden Versuchspersonen in einer Geschwindigkeit von einem Bild pro Sekunde 600 Fotos gezeigt und sofort danach abgefragt. Die Fotos wurden mit einer Genauigkeit von 98 Prozent erkannt.

Nickerson dehnte seine Untersuchungen weiter aus und zeigte Versuchspersonen nach und nach 10.000 Abbildungen, wobei er darauf achtete, daß diese Bilder „lebendig" waren (also den Grundsätzen der Mnemotechniken entsprachen). Bei diesen Abbildungen konnten die Versuchspersonen im Schnitt 9.996 von 10.000 richtig erkennen! Man rechnete diese Resultate hoch und kam zu dem Ergebnis, daß die Versuchspersonen, wenn man ihnen 1 Million Bilder gezeigt hätte, davon 986.300 richtig wiedererkannt hätten.

Man zog daraus folgenden Schluß: Unter Versuchsbedingungen ist die Kapazität des Erinnerungsvermögens für Bilder praktisch unbegrenzt. Diese Schlußfolgerung veröffentlichte Lionel Standing in seinem Artikel „Learning 10.000 Pictures", der im *Quarterly Journal of Experimental Psychology* erschien.

Mit diesem Ergebnis wird deutlich, daß die Self-Enhancing Master Memory Matrix von Ihrem Gehirn leicht bewältigt werden kann, wenn sie zusammen mit den Gedächtnisprinzipien angewandt wird. Die großen Gedächtniskünstler der Welt sind ebenfalls ein Beleg für diese Behauptung.

Die großen Gedächtniskünstler

Die großen Gedächtniskünstler hatten die gleichen Gehirne wie Sie und ich. Sie nutzten sie nur effektiver. Suchen Sie sich aus den folgenden Persönlichkeiten eine aus, die Ihnen am besten gefällt, und ernennen Sie ihn oder sie als Vorbild. Das ist der erste Schritt, um Ihre eigene Master-Mind-Gruppe von Lehrern und Vorbildern zusammenzustellen.

1. **Antonio de Marco Magliabechi** war in der Lage, ganze Bücher zu lesen und sie, ohne ein Wort oder ein Komma zu vergessen, auswendig wiederzugeben. Am Ende hatte er die gesamte Bibliothek des toskanischen Großherzogs auswendig gelernt.
2. **Professor A.C. Aitken** war Professor für Mathematik an der Universität von Edingburgh. Er konnte sich problemlos die ersten 1.000 Dezimalstellen der Zahl Pi merken – vowärts und rückwärts.
3. Der Amerikaner **Daniel McCartney,** 19. Jahrhundert, konnte im Alter von 54 Jahren genau sagen, was er an jedem Tag seines Lebens seit frühester Kindheit an getan hatte. Er wußte, wie die Wetterlage an jedem beliebigen Tag war und was er zum Frühstück, am Mittag und zum Abendbrot gegessen hatte.
4. **Christian Friedrich Heinecken** konnte bereits im Alter von 10 Monaten sprechen und jedes Wort, das man ihm vorsagte, nachsprechen. Im Alter von drei Jahren hatte er sich den Großteil der Geschichts- und Geographiedaten eingeprägt sowie Latein und Französisch gelernt.
5. **Paul Charles Morphy** war Schachmeister, der von jedem einzelnen Spiel, das er im Laufe seiner Meisterkarriere gespielt hatte, jeden einzelnen Zug rekonstruieren konnte, einschließlich jener Spiele, die er mit verbundenen Augen gespielt hatte. Seine Behauptungen wurden dadurch bewiesen, daß fast 400 seiner Spiele nur deshalb auch heute noch belegt sind, weil er sie *lange* nach dem eigentlichen Spiel jemandem diktiert hatte.

Und jeder einzelne Zug wurde von seinen Kontrahenten bzw. den damals anwesenden Schiedsrichtern bestätigt.

6. **Themistokles** konnte sich die 20.000 Namen aller Bürger von Athen merken.
7. **Xerxes** soll sich die Namen aller 100.000 Männer in seinem Heer gemerkt haben.
8. **Kardinal Messofanti**, ein Sprachwissenschaftler des 19. Jahrhunderts, konnte sich die Vokabeln von 70 oder 80 verschiedenen Sprachen merken, darunter Latein, Griechisch, Arabisch, Spanisch, Französisch, Deutsch, Schwedisch, Portugiesisch, Englisch, Niederländisch, Dänisch, Russisch, Polnisch, Böhmisch, Serbisch, Ungarisch, Türkisch, Gaelisch, Wallisisch, Albanisch, Sanskrit, Persisch, Georgisch, Armenisch, Hebräisch, Chinesisch, Koptisch, Äthiopisch und Amharisch.
9. **Der Shass Pollack:** Polnische Juden, die sich die genaue Position jedes einzelnen Wortes in allen 12 Bänden des *Talmud* merken konnten.
10. **Dicke religiöse Bücher**, wie der *Talmud* und sogar die *Weda* aus dem alten Indien wurden mündlich aus dem Gedächtnis überliefert.
11. **Dr. Susan Whiting**, die Gedächtnis-Weltmeisterin, konnte sich mit SEM^3 mehr als 5.000 Daten merken (siehe Seite 11).
12. **Dominic O'Brien**, sechsfacher Gedächtnis-Weltmeister, hält zahllose Gedächtnis-Weltrekorde, unter anderem konnte er sich einen ganzen Kartenstapel innerhalb von 33,8 Sekunden, 18 Kartenstapel in einer Stunde und über 2.000 Binärzahlen in weniger als 30 Minuten merken.

Die Self-Enhancing Master Memory Matrix (SEM^3)

Mit der Self-Enhancing (sich selbst steigernden) Master Memory Matrix können Sie, wenn Sie die Gedächtnisprinzipien anwenden, Ihre Gedächtnisleistung problemlos genauso schnell von 100 auf 10.000 steigern, wie Sie optische Eindrücke erfassen können.

Sie multiplizieren die Basic One Hundred aus dem Major System mit 10 und erhalten ein System von 1.000 Begriffen; Sie multiplizieren dieses System wieder mit 10 und erhalten nun ein System mit 10.000 Begriffen.

Um die Liste der 1.000 (0-999) zu erzeugen, benutzen Sie die Basic One Hundred, die Sie unter verschiedenen Gesichtspunkten Ihres visuellen Vorstellungsvermögens wiederholen.

Um das System mit den 10.000 Begriffen zu erzeugen, benutzen Sie wiederum die Basic One Hundred, die Sie auch hier wieder unter verschiedenen Gesichtspunkten Ihrer Sinneswahrnehmung abspeichern, wobei Sie alle Sinne, Sehen, Hören, Schmecken, Fühlen, Tasten, sowie die Basisdaten der verschiedenen Wissensbereiche mit einbeziehen.

Tausender		0-99	100-199	200-299	300-399	400-499	500-599	600-699	700-799	800-899	900-999
100-999	Sehen		Dinosaurier	Noblesse	Mondlicht	Riff	Lichtblitz	Schiff	Concorde	Feuer	Bilder
1000-1999	Hören	Singen	Trommel	Näseln	Meckern	Rasseln	Lachen	Schschh	Gong	Violine	Piano
2000-2999	Riechen	Seetang	Teer	Nelken	Minze	Rosen	Leder	Jasmin	Kaffee	Fichte	Brot
3000-3999	Schmecken	Spaghetti	Tomaten	Nüsse	Mango	Rhabarber	Limone	Schoko-lade	Kau-gummi	Pflaume	Banane
4000-4999	Tasten	Sand	Dung	Nässe	Moor	Rillen	Leim	Schaum	Gras	Pfirsich	Brett
5000-5999	Fühlen	Segeln	Tanzen	Niesen	Meditieren	Rubbeln	Lieben	Schütteln	Klettern	Fliegen	Ballett
6000-6999	Tiere	Zebra	Tiger	Nashorn	Meerkatze	Rind	Elefant	Schaf	Känguruh	Fuchs	Bär
7000-7999	Vögel	Seeadler	Taube	Nachtigall	Meise	Reiher	Lach-möwe	Schwalbe	Kormoran	Flamingo	Papagei
8000-8999	Regen-bogen	Rot	Orange	Gelb	Grün	Blau	Hellblau	Lila	Schwarz	Grau	Weiß
9000-9999	Sonnen-system	Sonne	Merkur	Venus	Erde	Mars	Jupiter	Saturn	Uranus	Neptun	Pluto

Wenn Sie ein System erzeugen, das Sie mit derartigen Elementen füllen, nutzen Sie alle Bereiche Ihres Gehirns, die das Gedächtnis unterstützen. Sie erschaffen sich einen riesigen mentalen Fitnessraum, mit dem Sie sich nicht nur jede beliebige Liste merken können, sondern der Ihnen gleichzeitig das mentale Fitnesstraining ermöglicht, das jeden einzelnen „mentalen Muskel“ stärkt und Ihnen die Möglichkeit gibt, endlos viele Spiele zu spielen. Und so konstruieren Sie Ihre eigene Self-Enhancing Master Memory Matrix:

100 - 999	Sehen	5.000 - 5.999	Fühlen
1.000 - 1.999	Hören	6.000 - 6.999	Tiere
2.000 - 2.999	Riechen	7.000 - 7.999	Vögel
3.000 - 3.999	Schmecken	8.000 - 8.999	Regenbogen
4.000 - 4.999	Tasten	9.000 - 9.999	Sonnensystem

Für die Zahlen 100 bis 999 benutzen Sie das **Sehen**; mit anderen Worten, Sie konzentrieren sich darauf, das Bild, das Sie sich als Schlüsselwort einprägen möchten, zu sehen. Für die Zahlen 1.000 bis 1.999 benutzen Sie das **Hören** und konzentrieren sich also darauf, jedes Schlüsselwort zu hören. Für die Zahlen 2.000 bis 2.999 benutzen Sie den Sinneseindruck **Riechen** und konzentrieren Ihre Schlüsselwörter auf dieses Sinnesorgan. Und so fahren Sie weiter fort und benutzen für jeweils 1.000 Zahlen die Bereiche **Schmecken, Tasten, Fühlen, Tiere, Vögel,** die **Farben** des **Regenbogens** und das **Sonnensystem**.

Für jeweils 100 Positionen von 1.000 haben Sie sich nun ein bestimmtes Bild, ein Geräusch, einen bestimmten Geruch, etc. eingeprägt. Wenn Sie also in der Matrix auf Seite 52 nachschlagen sehen Sie, daß Sie für die einzelnen Hunderter von 100 bis 999 die Schlüsselwörter Dinosaurier, Noblesse, Mondlicht, Riff, Lichtblitz, Schiff, Concorde, Feuer und Bilder zur Verfügung haben.

Wenn Sie von der Basismatrix von 0 - 99 ausgehen und die neun optischen Schlüsselwörter benutzen wollen, um von 100 bis 999 zu gelangen, würden Sie folgendermaßen vorgehen:

101 ist einfach ein riesiger Dinosaurier, der seinen Kopf in eine riesige Teetasse taucht; 140 steht für denselben Dinosaurier, der nun allerdings an einem großen Strauß Rosen riecht. Was immer Sie sich als 101. oder 140. Information merken wollen, verbinden Sie entsprechend den Gedächtnisprinzipien mit diesen SEM^3 Bildern.

Wenn Sie die Zeile der ersten 1.000 Plätze durchgehen, stellen Sie fest, daß alle Bilder mit dem ersten synästhetischen Element, dem Sehen, verbunden sind. Alle Informationen auf den Plätzen 700 bis 799 entsprächen zwar immer noch den Schlüsselwörtern aus den *Basic One Hundred*, nur daß sie diesmal mit dem Bild einer Concorde verknüpft sind. Die 706 könnte also eine Concorde sein, die statt Rädern riesige Schuhe unter dem Rumpf hat; die 795 könnte eine Concorde mit einem riesigen Ball anstelle der Räder sein. Jede Information, die Sie sich merken möchten, müssen Sie auch in diesem Fall wieder mit Hilfe der Gedächtnisprinzipien an dieses Schlüsselwort „anhängen“.

Jeder Hunderter auf den Plätzen 3.000 bis 3.999 würde den *Basic One Hundred* einen Geschmack verleihen, in diesem Fall den von Spaghetti, Tomaten, Nüssen, Mangos, Rhabarber, Limonen, Schokolade Kaugummi, Pflaumen und Bananen.

Damit Sie die einzelnen Positionen schneller finden und sie sich besser einprägen können, haben wir die SEM^3 Matrix mit den Hunderterschritten auf Seite 52 für Sie zusammengestellt.

Um nun zu den einzelnen Zahlen von 0 bis 999 zu kommen, gehen Sie so vor, wie in dem Abschnitt „Wie Sie Ihre Self-Enhancing Master Memory Matrix benutzen“ beschrieben.

Wenn Sie sich die einzelnen Schlüsselwörter ausdenken, sollten Sie das einerseits als Spiel, andererseits aber auch als geistiges Fitnesstraining verstehen. Achten Sie also darauf, daß Sie die einzelnen Schlüsselwörter auch wirklich mit dem entsprechenden Sinnesorgan erfassen. Bei der 4.143 müssen Sie also Tasten mit Dung und mit Rahm verbinden. Das Wichtigste ist jedoch, daß Sie die Feuchtigkeit des Dungs und die Cremigkeit des Rahms *fühlen*.

Mit Hilfe der Self-Enhancing Master Memory Matrix entwickeln Sie nicht nur ein System, mit dessen Hilfe Sie sich 10.000 Informationen genauso leicht merken können wie die Versuchspersonen bei Haber und Nickerson, sondern Sie trainieren auch jedes Ihrer Sinnesorgane, was einen sehr positiven Einfluß auf alle anderen Lebensbereiche hat. Unter anderem wurden auch gesundheitsfördernde Auswirkungen festgestellt. Die Unfähigkeit, sich Dinge zu merken, führt oft zu Frustration und Wut über diese Unfähigkeit, was wiederum eine häufige Ursache von Streß und Krankheiten ist, die wiederum die Gedächtnisleistung beeinträchtigen. Mit dem SEM^3 können Sie diesen Kreislauf unterbrechen und in die entgegengesetzte Richtung leiten.

Sie werden in vielerlei Hinsicht einen positiven Kreislauf erzeugen, denn je mehr Sie die Gedächtnistechniken üben, desto besser wird Ihr allgemeines Gedächtnis; je mehr Wissensbausteine Sie in die Gedächtnismatrix einfügen, desto größer wird die Wahrscheinlichkeit, daß Sie sich Dinge ganz automatisch einprägen; und je häufiger das alles geschieht, desto besser werden automatisch *alle* Ihre geistigen Fähigkeiten.

In den folgenden Kapiteln stelle ich Ihnen eine ganze Reihe der wichtigsten Gedächtnislisten vor, die man eigentlich, wie die Planeten, für den Rest seines Lebens verinnerlicht haben sollte, die aber meistens vergessen werden. Wenn man sie jedoch einmal beherrscht, bilden sie eine riesige Grundlage, von der aus Ihr Gehirn so spielerisch und problemlos wie das der großen Gedächtniskünstler seine Reise auf dem Weg zu noch mehr Wissen antreten kann.

Die Kapitel mit diesen „Superlisten“ sind folgendermaßen aufgeteilt:

8. Maler
9. Komponisten
10. Schriftsteller
11. Genies
12. Shakespeare
13. Vokabeln
14. Sprachen
15. Länder/Hauptstädte

16. Die deutschen Staatsoberhäupter und Regierungschefs ab Dt. Reich
17. Der menschliche Körper – die Muskulatur
18. Die Elemente
19. Das Sonnensystem
20. Wie Sie Ihr eigenes Leben memorieren

Wir schlagen vor, daß Sie diese „Superlisten" folgendermaßen bearbeiten: Beginnen Sie mit den Listen, die Sie sich zuerst einprägen möchten, organisieren Sie Ihre Self-Enhancing Master Memory Matrix entsprechend, und beginnen Sie dann mit dem Memorieren. Denken Sie daran, immer die Gedächtnisprinzipien und -techniken anzuwenden.

Um Ihnen bei der Erstellung und Organisation Ihrer Superlisten zu helfen, schlagen Sie im Anhang die empfohlenen SEM^3-Positionen nach. Anschließend sollten Sie weitere Memory-Matrizen für Listen entwickeln, die für Sie wichtig und nützlich sind, und Sie sollten es sich zur Gewohnheit machen, wenigstens eine neue Matrix pro Jahr dazuzulernen.

Falls Sie sich die Matrix selbst noch einmal ins Gedächtnis rufen wollen, können Sie mit Hilfe der Basic One Hundred jedes der Schlüsselwörter in der Matrix rekonstruieren, was wiederum dazu führt, daß das System sich selbst einprägt.

Sie beginnen am besten damit, daß Sie sich wenigstens zwei der in diesem Buch enthaltenen Listen einprägen. Auf diese Weise stellen Sie Ihrem Gehirn ausreichend geordnete Daten zur Verfügung, um Ihre „Gedächtnismaschine" auf den richtigen Kurs, nämlich die selbständige Verbesserung der Gedächtnisleistung, zu bringen! (siehe Anhang)

Bevor Sie sich daranmachen, Ihre außergewöhnliche Merkfähigkeit weiterzuentwickeln, sollten Sie das nächste Kapitel lesen. Es ist als Brücke zwischen Ihrem theoretischen Wissen und der richtigen Anwendung in der Praxis gedacht. In diesem Kapitel geht es um jemanden, der über ein perfektes Gedächtnis verfügt. Überlegen Sie beim Lesen, ob die Gedächtnisprinzipien und -techniken angewendet werden, und schätzen Sie einmal, wieviel Prozent seines Gehirns die Hauptfigur benutzt! Wenn Sie das Kapitel gelesen haben, planen Sie Ihr eigenes Gedächtnis-Förderprogramm mit SEM^3 und legen Sie los!

Wie Sie Ihre Self-Enhancing Master Memory Matrix benutzen

Major System – Basic 100

Um die Zahl 46 zu finden

1. Gehen Sie die Zehnerspalte nach **unten** bis zur 40.
2. Gehen Sie die Zeile 0 - 9 **entlang** bis unter die 6.

Anmerkung: Alle Zahlen beginnen mit „R“.
Die 6 ist „sch“ oder „ch“.
Das Wort für 46 ist Rache.

Zehner	0	1	2	3	4	5	6	7	8	9
0 - 9										
10 - 19										
20 - 29										
30 - 39										
40 - 49							X			
50 - 59										
60 - 69										
70 - 79										
80 - 89										
90 - 99										

Ein weiteres Beispiel:

Finden Sie das Wort für 85.

1. Zehnerspalte nach **unten** bis zur 80.
2. Zeile 0 - 9 **entlang** bis zur 5.

Anmerkung: Der Buchstabe für 8 ist „F“ oder „W“.
Der Buchstabe für 5 ist „L“.
Der erste Vokal, der paßt, ist ein „a“.
Das Wort ist Wall.

Wie man die Regeln anwendet, finden Sie auf S. 39.

SEM3 100-9999

Um die Zahl 6.364 zu finden:

1. Gehen Sie die Tausenderspalte nach **unten** bis zur 6.000.
2. Gehen Sie die Hunderterzeile **entlang** bis zur 300.
3. Schlagen Sie in der Basic 100 Matrix nach, die Zehnerspalte nach **unten** bis zur 60, die Zeile 0 - 9 **entlang** bis zur 4.

usw. →

Tausender	0 - 99	100er	200er	300er	400er	500er
100 - 999						
1000 - 1999						
2000 - 2999				↓		
3000 - 3999						
4000 - 4999						
5000 - 5999						
6000 - 6999	→		→	X		
7000 - 7999						
8000 - 8999						
9000 - 9999						

Die 6.000 – **Tiere**; 300 – **Meerkatze**; 64 – **Schar**
Ihre Gedächtnisstütze könnte also eine Schar von Meerkatzen sein, die auf einem Baum sitzen und lautstark und völlig falsch singen.

Die 2351?
2.000 – **Riechen**; 300 – **Minze**; 51 – **Latte**
Eine stark nach Minze riechende Latte!

Oder die 5.800 – eine fliegende Sau!

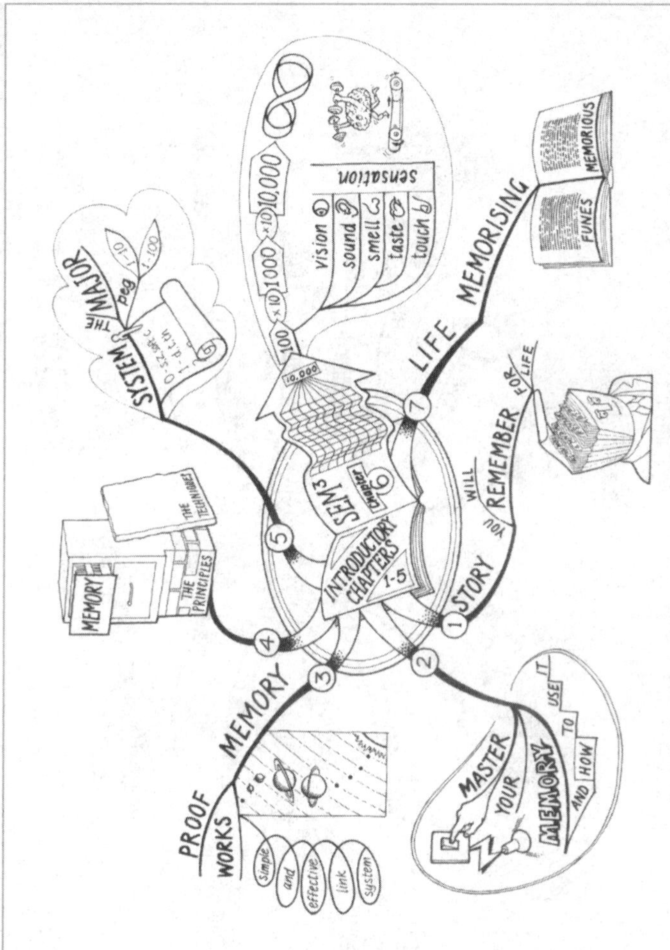

Abb. 3: Mind Map der Kapitel 1 – 6. Wenn Sie Ihre eigene Mind Map erstellen, können Sie die einzelnen Äste durch farbige Darstellung einprägsamer gestalten.

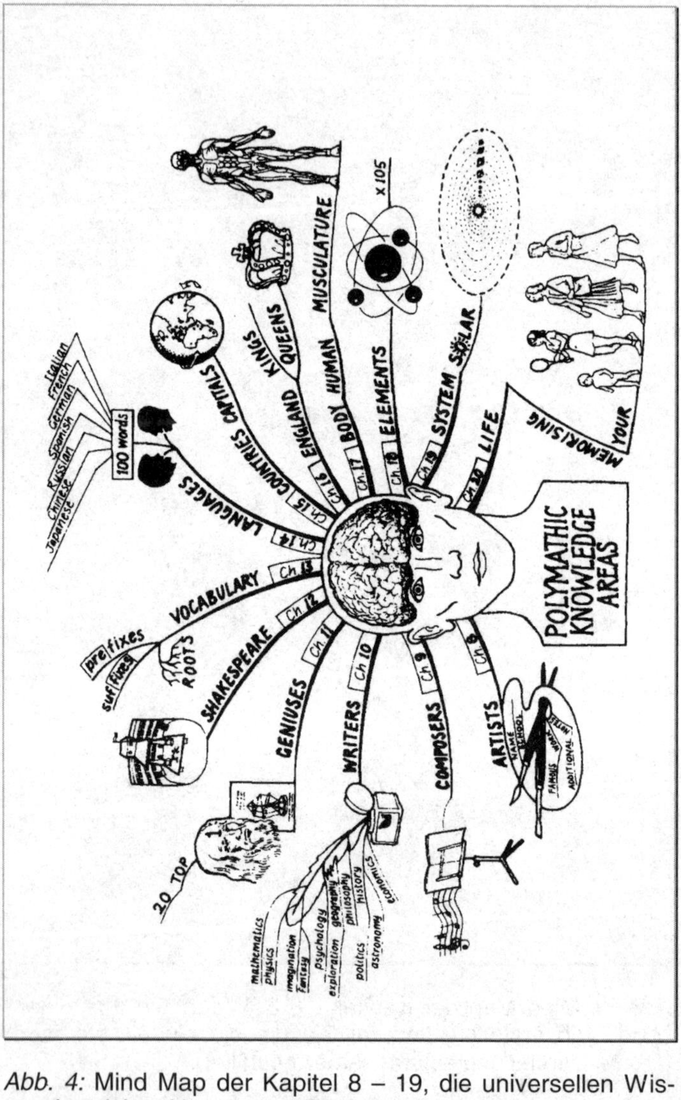

Abb. 4: Mind Map der Kapitel 8 – 19, die universellen Wissensbereiche. Um dieses Buch *noch* einprägsamer zu gestalten, könnten Sie z.B. jeden Ast in der Mind Map farbig gestalten, sobald Sie das entsprechende Kapitel durchgearbeitet haben.

7 Wie man ein ganzes Menschenleben memoriert: Die Geschichte von Funes, dem Gedächtniskünstler

Kritiker versuchen noch immer herauszufinden, ob die folgende Geschichte von Jorge Luis Borges eine Erfindung ist, das Resultat einer besonders lebhaften Phantasie oder eine wahre Geschichte.

Nach dem, was Sie bisher gelesen haben, bilden Sie sich bitte Ihr eigenes Urteil. Ist es möglich? Hat Funes wirklich existiert? Ist die Geschichte wahr?

Funes, der Gedächtniskünstler

Ich kann mich noch gut an ihn erinnern (eigentlich habe ich gar nicht das Recht, dieses gespensterhafte Verb zu benutzen; nur ein einziger Mann auf der Erde hat das Recht dazu, aber dieser Mann lebt nicht mehr); ich sehe ihn vor mir, er hat eine dunkle Passionsblume in seiner Hand. Er betrachtete diese Blume, wie noch nie jemand eine Blume betrachtet hat, und wenn er sie von Sonnenaufgang bis Sonnenuntergang angesehen hätte. Ich sehe ihn vor mir mit unbeweglichem, indianischem Gesichtsausdruck. Er wirkt irgendwie entrückt hinter seiner Zigarette. Ich erinnere mich (glaube ich) an die starken und doch grazilen Finger eines Präriebewohners, der Leder gerben konnte. Neben diesen Händen sehe ich einen Kessel, in dem er Matetee zubereitete und auf dem das Banda Oriental, der Verlauf des Uruguay-Flusses, dargestellt war. Ich erinnere mich, daß im Fenster des Hauses eine gelbe Binsenmatte hing und dahinter eine schemenhafte, sumpfige Landschaft zu sehen war. An seine Stimme kann ich mich ganz genau erinnern – die überlegte, zurückhaltende, nasale Stimme eines Mannes der Ostküste, ohne die italienisierten Silben der heutigen Zeit. Ich traf ihn nur dreimal, zuletzt 1887...

Die Idee, daß jeder, der ihn kannte, etwas über ihn schreiben sollte, gefällt mir sehr; mein Bericht ist vielleicht der kürzeste, zweifellos der unvollständigste und sicherlich nicht der objektivste. Die beklagenswerte Tatsache, daß ich Argentinier bin, wird mich daran hindern, jetzt in Lobeshymnen zu verfallen – was für einen Uruguayaner Pflicht wäre, wenn es sich – wie hier – um einen Uruguayaner handelt.

Schreiberling, Großstadtpinkel, Stadtpflanze aus Buenos Aires: Funes benutzte diese beleidigenden Ausdrücke zwar nie, doch mir ist klar, daß ich für ihn ein Vertreter dieser Kategorie war. Pedro Leandro Ipuche schrieb, daß Funes ein Vorgänger von Superman war, „ein ungezähmter, volkstümlicher Zarathustra“. Das will ich nicht bestreiten, aber man darf auch nicht vergessen, daß er ein Landbewohner mit einer unheilbaren Behinderung aus der Stadt Fray Bentos war.

Meine erste Erinnerung an Funes ist recht deutlich. Ich sehe ihn vor mir in der Abenddämmerung, irgendwann im März oder Februar 1884. In jenem Jahr hatte mich mein Vater den Sommer über mit nach Fray Bentos genommen. Ich war mit meinem Cousin Bernardo Haedo auf dem Heimweg von der Farm in San Francisco. Wir saßen singend auf dem Rücken unserer Pferde, und diese letzte Tatsache war nicht der einzige Grund für meine gute Laune. Nach einem schwülen Tag hatten tiefgraue Gewitterwolken den Himmel verdüstert. Sie wurden von einem Sturm aus Süden angetrieben; die Bäume schüttelten sich bereits wie verrückt, und ich fürchtete (und hoffte heimlich), daß uns die Macht der Elemente dort draußen erwischen würde. Wir lieferten uns eine Art Wettlauf mit dem Sturm. Wir ritten auf einem schmalen Weg, der sich zwischen zwei hoch über uns gelegenen Backsteinpfaden hindurchwand. Der Himmel war plötzlich schwarz geworden; jetzt hörte ich schnelle, fast geräuschlose Schritte über uns; ich hob den Kopf und sah einen Jungen, der den engen, unebenen Pfad entlanglief, als würde er auf einer schmalen, verfallenen Mauer balancieren. Ich kann mich noch an die weite Hose, die unten zugebunden war, und an die Hanfsandalen erinnern. Ich weiß noch, daß die Zigarette in seinem harten Gesicht sich von der inzwischen fast völligen Dunkelheit abhob. Bernardo rief ihm unvermittelt zu: „Wie spät ist es, Ireneo?“ Ohne aufzusehen oder anzuhalten antwortete Ireneo: „In zehn Minuten ist es acht Uhr, Bernardo Juan Francisco Junior.“ Seine Stimme war schneidend, spöttisch.

Normalerweise bin ich so zerstreut, daß mir das Gespräch, das ich gerade wiedergegeben habe, wohl nicht im Gedächtnis geblieben wäre, hätte mein Cousin, den wohl ein gewisser Lokalpatriotismus antrieb und der mir zeigen wollte, daß ihm die zweideutige Antwort des anderen nichts ausmachte, es nicht noch einmal wiederholt.

Er erzählte mir, daß der Junge auf dem Pfad über uns ein gewisser Ireneo Funes war, der wegen seiner Verschrobenheit bekannt war. Dazu gehörte, daß er mit den Menschen um ihn herum nichts zu tun haben wollte und daß er jederzeit wußte, wie spät es war, als hätte er eine innere Uhr. Er fügte hinzu, daß Ireneo der Sohn von Maria Clementine Funes, der Bügelfrau im Ort, war, und daß man behauptete, sein Vater sei ein „Engländer“ namens O'Connor gewesen, der als Arzt in den Salzminen arbeitete. Andere behaupteten, sein Vater wäre ein Pferdedieb oder Pfadfinder aus El Salto. Ireneo lebte bei seiner Mutter in einem Seitenflügel des Landhauses der Laurels.

In den Jahren 1885 und 1886 verbrachten wir den Sommer in der Stadt Montevideo. Erst 1887 kamen wir wieder nach Fray Bentos. Natürlich forschte ich nach all denen, die ich dort kennengelernt hatte, und schließlich auch nach „Funes, dem Chronometer“. Man sagte mir, daß er auf der San Francisco Ranch von einem wilden Pferd gefallen und nun hoffnungslos verkrüppelt sei. Ich kann mich noch an das unbehagliche Gefühl erinnern, das diese Nachricht in mir hervorrief: Ich hatte ihn ein einziges Mal gesehen, als wir von San Francisco nach Hause ritten und er hoch über uns entlanglief; aus dem Mund meines Cousins Bernardo hörte sich die ganze Sache an wie ein Traum, der mit Elementen der Vergangenheit gespickt war. Man erzählte mir, daß Ireneo sein Lager nicht verließ, sondern nur auf einen Feigenbaum im Hinterhof oder auf ein Spinnengewebe starrte. Bei Sonnenuntergang ließ er sich dann zum Fenster bringen. Sein Stolz ging soweit, daß er so tat, als wäre der Schicksalsschlag, der ihn getroffen hatte, etwas Gutes ... Zweimal sah ich ihn hinter dem Eisentor, das auf drastische Weise seine ewige Gefangenschaft widerspiegelte: Beim ersten Mal sah ich ihn bewegungslos, die Augen geschlossen, beim zweiten Mal, ebenfalls bewegungslos, versunken in die Betrachtung eines süß duftenden Heiligenkrautzweiges.

Damals hatte ich gerade begonnen, nicht ohne hin und wieder damit zu prahlen, Latein zu lernen. In meiner Reisetasche befand sich *De viris illustribus* von Lhomond, das Buch *Thesaurus* von Quicherat, *Caesars Kommentare* und ein Band der *Historia Naturalis* von Pliny, Bücher, die meine bescheidenen Lateinkenntnisse weit überschritten (und auch heute noch überschreiten). In einer kleinen Stadt spricht sich alles schnell herum, und so dauerte es nicht lange, bis Ireneo auf seiner kleinen Farm am Rande der Stadt wußte, daß sich diese ungewöhnlichen Bücher in seiner Nähe befanden. Er schickte mir einen blumig-feierlich verfaßten Brief, in dem er mich in ungewöhnlich prägnanter Form an unsere erste Begegnung „am siebten Tag im Februar des Jahres 1884" erinnerte. Er spielte auch auf die ruhmreichen Taten an, die Don Gregorio Haedo, mein Onkel, der im selben Jahr starb, „in der ruhmreichen Kampagne von Ituzaingò im Dienste der beiden Vaterländer" geleistet hatte.

Dann bat er darum, einen der Lateinbände, zusammen mit einem Wörterbuch „zum besseren Verständnis des Originaltextes, da ich kein Latein beherrsche", ausleihen zu dürfen. Er versprach, sie unversehrt und innerhalb kürzester Zeit zurückzugeben. Der Brief war fehlerlos und sehr schön strukturiert; die Rechtschreibung entsprach jener, die Andrès Bello vertrat: i für y, j für g. Zunächst hielt ich das Ganze natürlich für einen Scherz. Meine Cousins bestätigten mir allerdings, daß es sich nicht um einen Scherz handelte, sondern daß dies nun einmal Ireneos Art war. Ich wußte nicht recht, ob ich der Unverschämtheit, Ignoranz oder Dummheit seiner Vorstellung Vorschub leisten sollte, man könne die schwierige lateinische Sprache einfach dadurch erlernen, daß man ein Wörterbuch benutzt. Um ihn eines Besseren zu belehren, schickte ich ihm *Gradus ad Parnassum* von Quicherat und den Pliny.

Am 14. Februar erhielt ich ein Telegramm aus Buenos Aires, in dem ich aufgefordert wurde, sofort nach Hause zurückzukehren, da es meinem Vater „überhaupt nicht gut" ging. Gott möge mir vergeben, aber die Tatsache, daß mir die Ehre zuteil wurde, Empfänger eines wichtigen Telegramms zu sein, der Wunsch, jedem in Fray Bentos den Widerspruch zwischen der schlechten Nachricht und dem Grandiosen eines Telegramms aufzuzeigen, der Versuch, mein Leiden dadurch zu dramatisieren, daß ich betonten Gleichmut zur Schau stellte, all das lenkte mich davon ab, echten Schmerz zu fühlen. Als ich meine Reisetasche packte, merkte ich, daß der *Gradus* und der Band der *Historia Naturalis* fehlten. Die *Saturn* sollte am nächsten Morgen auslaufen, also machte ich mich abends, nach dem Abendessen, auf den Weg zu Funes Haus. Ich war überrascht, daß die Nacht genauso drückend war wie der Tag.

Ireneos Mutter empfing mich auf der bescheidenen Ranch.

Sie sagte mir, daß Ireneo im hinteren Raum saß und ich mich nicht daran stören sollte, daß er dort im Dunkeln saß, weil er wußte, wie man die toten Stunden verbrachte, ohne eine Kerze anzuzünden. Ich überquerte den gepflasterten Innenhof, den kleinen Korridor, dann kam ich in einen zweiten Innenhof. Eine große Kletterpflanze bedeckte alles, so daß die Dunkelheit vollkommen zu sein schien. Ganz plötzlich hörte ich die hohe, spöttische Stimme Ireneos. Die Stimme sprach in Latein; die Stimme (die aus dem Dunkeln kam) las ganz offensichtlich mit Begeisterung eine wissenschaftliche Abhandlung oder ein Gebet oder eine Zauberformel. Die romanischen Silben hallten in dem lehmigen Innenhof wider; mein Argwohn machte sie unverständlich, unbestimmbar; später, nach dem beeindruckenden Gespräch jenes Abends, erfuhr ich, daß es sich um den ersten Abschnitt der 24 Kapitel des siebten Bandes der *Historia Naturalis* handelte. Das Thema dieses Kapitels ist das Gedächtnis; die letzten Worte lauten: *ut nihil non iisdem verbis redderetur auditum.*

Ohne den Tonfall seiner Stimme auch nur im geringsten zu ändern, bat Ireneo mich herein. Er lag auf dem Bett und rauchte. Mir scheint es, als hätte ich sein Gesicht erst gesehen, als der Morgen schon graute; ich kann mich lediglich an das Aufglimmen seiner Zigarette erinnern. Das Zimmer roch etwas feucht. Ich setzte mich und wiederholte den Inhalt des Telegramms und erzählte von der Krankheit meines Vaters.

Jetzt komme ich zu dem schwierigsten Punkt meiner Erzählung. Denn die ganze Geschichte dreht sich (wie der Leser inzwischen sicher gemerkt hat) um das nun folgende Gespräch, das vor mehr als einem Jahrhundert stattgefunden hat. Ich werde nicht versuchen, es wörtlich wiederzugeben, denn an die einzelnen Worte kann ich mich nicht mehr erinnern. Ich werde lieber eine Zusammenfassung der vielen Dinge geben, die Ireneo mir erzählte. Dieser indirekte Erzählstil ist distanziert und schwach; ich weiß, daß ich die Wirkung meiner Erzählung damit abschwäche, doch meine Leser sollen sich die nebulösen Sätze vorstellen, die damals die Nacht bewölkten.

Ireneo begann, in Lateinisch und Spanisch die Fälle von erstaunlichen Gedächtnisleistungen aufzuzählen, die im *Historia Naturalis* beschrieben sind: Cyrus, der König der Perser, der jeden Soldaten seiner Armee mit Namen kannte; Mithridates Eupator, der in den 22 Sprachen seines Reiches Recht sprach; Simoneides, Erfinder der Mnemotechnik; Metrodorus, der korrekt alles wiederholen konnte, was er jemals gehört hatte. Begeistert schwärmte Funes von diesen Dingen und pries sie als etwas Wunderbares. Er erzählte mir, daß er vor diesem regnerischen Nachmittag, an dem ihn das schwarze Pferd abgeworfen hatte, wie jeder andere Christ blind, taub, stumm, schlafwandlerisch, gedächtnislos gewesen war. (Ich versuchte, ihn an seine präzise Zeitvorstellung zu erinnern, sein Gedächtnis für korrekte Namen; er schenkte mir keine Beachtung.) 19 Jahre lang, so sagte er, hätte er wie im Traum gelebt: Er hatte geschaut, ohne zu sehen, gehört, ohne zu hören – alles vergessen, fast alles. Als er vom Pferd fiel, verlor er das Bewußtsein; als er es wiedererlangte, war die Gegenwart fast nicht zu ertragen – alles war so strahlend und vielfältig; das gleiche galt für die ältesten und unwichtigsten Erinnerungen aus seiner Vergangenheit. Ein wenig später erkannte er, daß er verkrüppelt war. Diese Tatsache interessierte ihn kaum. Er war der Meinung (oder hatte das Gefühl), daß seine Unbeweglichkeit der minimale Preis dafür war. Und nun waren seine Wahrnehmung und sein Gedächtnis unfehlbar.

Wir beide nahmen drei Weingläser auf dem Tisch wahr; Funes sah all die Kratzer und Sprünge und sogar die Weintrauben. Er konnte sich an die Form der Wolken im Süden bei Sonnenuntergang des 30. April 1882 erinnern und konnte sie mit seiner Erinnerung an das Muster eines ledergebundenen Buches vergleichen, das er nur einmal gesehen hatte, und mit den Linien, die ein Ruder im Wasser des Rio Negro am Abend der Schlacht von Quebracho hinterließ. Diese Erinnerungen waren sehr vielschichtig: Jeder visuelle Eindruck war mit Muskelempfindungen, mit Temperaturempfindungen etc. verbunden. Er konnte all seine Träume, all seine Wünsche rekonstruieren. Zwei oder drei Mal hatte er einen kompletten Tag rekonstruiert. Er erzählte mir: *Ich habe alleine über mich mehr Erinnerungen als alle Menschen seit Entstehen der Welt.* Und dann: *Mein Gedächtnis, Sir, ist wie ein Mülleimer.*

Ein Kreis an der Tafel, ein spitzwinkliges Dreieck, eine Raute, all das sind Formen, die wir fehlerlos erkennen; dasselbe galt bei Ireneo für die wilde Mähne eines Hengstes, eine Vieherde auf einem Paß, die ständig wechselnde Flamme des Feuers, die unzählbaren Muster der Asche, die vielen Gesichter eines Toten im Verlauf einer sich in die Länge ziehenden Totenwache. Er konnte ich weiß nicht wie viele Sterne in der Nacht wahrnehmen.

All die Dinge, von denen er mir erzählte, erschienen mir weder in jener Nacht noch zu einem späteren Zeitpunkt zweifelhaft. In jenen Tagen gab es kein Kino, und der Plattenspieler war auch noch nicht erfunden; trotzdem erscheint es mir merkwürdig, fast unglaublich, daß niemand je wissenschaftliche Versuche mit Funes durchführte. Die Wahrheit ist, daß wir alle leben, indem wir etwas zurücklassen; zweifellos wissen wir alle im Grunde, daß wir unsterblich sind und daß früher oder später jeder Mensch alles tun wird und alles wissen wird.

Funes Stimme klang noch immer aus dem Dunkel zu mir herüber. Er erzählte mir, daß er 1886 ein neues Zahlsystem entwickelt hatte und daß er innerhalb weniger Tage über 24.000 hinaus gekommen war. Er hatte es nicht aufgeschrieben, denn alles, was er sich einprägte, blieb für immer in seinem Gedächtnis.

Der erste Anstoß zu seiner Arbeit war, glaube ich, die Tatsache, daß er sich darüber ärgerte, daß „33 Uruguayaner" im Spanischen zwei Symbole und drei Wörter benötigte und nicht nur ein einziges Wort und ein einziges Symbol. Später wandte er sein ungewöhnliches System auch auf die anderen Zahlen an. Anstatt 7013 sagte er (zum Beispiel) *Maximo Perez*; anstatt 7014: *Der Zug*; andere Zahlen waren z.B. *Luis Melián, Lafinur, Olimar, Bimsstein, Clubs, Der Wal, Gas, Der Kessel, Napoleon, Agustin de Vedia.* Anstelle von 500 sagte er *neun*.

Jedes Wort hatte ein bestimmtes Zeichen, eine Art Markierung. Ich versuchte, ihm zu erklären, daß diese Ansammlung unverbundener Ausdrücke genau das Gegenteil einer geordneten Aufzählung sei. Ich sagte, daß man, um 365 zu sagen, auch drei Hunderter, sechs Zehner und fünf Einer sagen konnte und daß man diese Aufschlüsselung bei Zahlen wie *Der Negro Timoteo* oder *Das bloße Fleisch* nicht vornehmen konnte. Funes verstand mich nicht oder wollte mich nicht verstehen.

Locke forderte (und verwarf) im 17. Jahrhundert eine unmögliche Sprache, in der jedes einzelne Objekt, jeder Stein, jeder Vogel, jeder Zweig einen eigenen Namen hatte; Funes hatte einmal eine ähnliche Sprache entwickelt, war dann aber zu dem Schluß gekommen, daß sie zu allgemein, zu vage war. Die Folge war, daß Funes sich nicht nur jedes Blatt an jedem Baum in jedem Wald merkte, sondern auch die einzelnen Zeitpunkte, an welchen er dieses Blatt gesehen oder sich vorgestellt hatte. Er beschloß, seine gesamten Erfahrungen der Vergangenheit auf ungefähr 70.000 Erinnerungen zu reduzieren, die er später numerisch definieren würde. Zwei Überlegungen hielten ihn davon ab: Er glaubte, daß diese Aufgabe endlos und außerdem nutzlos war. Er wußte, daß er in der Stunde seines Todes kaum die Erinnerungen seiner Kindheit eingeordnet haben würde.

Die beiden Projekte, die ich bereits andeutete (ein unbegrenztes Vokabular für die natürlichen Zahlen und ein funktionsfähiger Katalog aller Gedächtnisbilder) machen wenig Sinn, doch sie enthüllen eine gewisse verborgene Größe. Sie bieten uns eine undeutliche Ahnung und einen Aufschluß über Funes verworrene und verwirrende Welt. Er war, und das sollten wir nicht vergessen, praktisch nicht in der Lage, allgemeine platonische Vorstellungen zu verstehen. Es fiel ihm nicht nur schwer, zu verstehen, daß der allgemeine Ausdruck *Hund* so viele unterschiedliche Geschöpfe unterschiedlicher Größe und Form umfaßte. Er störte sich an der Tatsache, daß der Hund auf Nummer drei-vierzehn (von der Seite gesehen) genauso heißen sollte wie der Hund auf Nummer drei-fünfzehn (von vorne gesehen). Sein eigenes Gesicht im Spiegel, seine Hände überraschten ihn immer wieder. Swift schrieb, daß der Herrscher von Lilliput die kleinste Bewegung seiner kleinen Hand wahrnehmen konnte; Funes konnte die leisesten Anzeichen von Zerfall, Karies oder Müdigkeit erkennen. Er spürte den Verlauf des Todes, der Verwesung. Er war der einzige bewußte Beobachter einer extrem vielschichtigen Welt von perfekter und fast unerträglicher Genauigkeit.

Babylon, London und New York haben die Vorstellung von Männern mit scharfer Brillanz geprägt; doch niemand in diesen Elfenbeintürmen oder auf diesen von Menschen wogenden Straßen hat je die Hitze und die Last einer Realität gefühlt, die Tag und Nacht unermüdlich den unglücklichen Ireneo in seinem kleinen südamerikanischen Farmhaus umgab. Es fiel ihm schwer, zu schlafen. Schlafen bedeutet, sich von der Welt zurückzuziehen; Funes stellte sich, auf seinem Bett liegend, jeden Schatten, jeden Riß, jede Mulde der verschiedenen Häuser um sich herum vor. (Ich wiederhole noch einmal: An die unwichtigsten Dinge konnte er sich mit größerer Genauigkeit erinnern, als wir uns an körperlich angenehme oder schmerzhafte Erfahrungen erinnern.)

Am östlichen Ende der Stadt, in einem Viertel, das noch nicht in Wohnblocks unterteilt war, gab es ein paar neue, unbekannte Häuser. Funes stellte sie sich schwarz, kompakt, wie einen unbekannten dunklen Fleck vor; dann drehte er seinen Kopf in diese Richtung, um schlafen zu können. Er stellte sich auch vor, wie er selbst am Boden des Flusses lag, wo die Strömung ihn hin und her wiegte oder mit sich fortriß.

Mühelos hatte er Englisch, Französisch, Portugiesisch und Latein gelernt. Ich glaube aber trotzdem, daß er nicht sehr gut denken konnte. Denken bedeutet, Unterschiede zu vergessen, zu verallgemeinern und zu abstrahieren. In der überreichen Welt des Funes gab es nur Details, fast lückenlose Details.

Die unbestimmte Klarheit der Morgendämmerung fiel über den lehmigen Innenhof.

Erst dann sah ich das Gesicht, das die ganze Nacht hindurch mit mir gesprochen hatte. Ireneo war 19; er war 1868 geboren worden; er schien so imposant wie eine Bronzestatue, älter als die Ägypter. Er schien sogar aus einer Zeit zu stammen, die noch vor der Zeit der Propheten und der Pyramiden lag. Mir wurde klar, daß jedes meiner Worte (jede meiner Gesten) in seinem unendlichen Gedächtnis weiterleben würde; ich war ganz benommen von der Angst, zu viele überflüssige Gesten zu machen.

Ireneo Funes starb 1889 an einem Lungenödem.

1942 – übersetzt aus dem Spanischen ins Englische von Anthony Kerrigan

(Auszug aus Fictions von Jorge Luis Borges, erschienen bei George Weidenfeld & Nicolson Limited)

8 Maler

Die großen Maler waren Vorreiter in der Erforschung der menschlichen Wahrnehmung. Außerdem haben sie von der Geschichte der Menschheit mindestens ebenso elegant Zeugnis abgelegt wie Poeten, Schriftsteller, Dramaturgen und Literaturhistoriker. Ihre Namen, Geburtsorte, Geburts- und Todesdaten und einige ihrer berühmtesten Werke zu kennen stellt sie, genau wie die Planeten des Sonnensystems, in einen bestimmten Kontext, der es Ihnen erlaubt, im Laufe Ihres Lebens ohne große Anstrengung immer mehr über sie zu lernen. In Zukunft werden Sie jedes Mal, wenn Sie eine Anzeige für eine Kunstausstellung sehen, die Bilder und Informationen, die mit dieser Ausstellung und dem Künstler verbunden sind, zu Ihrem wachsenden Schatz an Kunstwissen hinzufügen. Sie erweitern damit Ihr Wissen in diesem wichtigen Kulturbereich, und das wird Ihnen in Zukunft immer wieder von Nutzen sein.

Wie Leonardo da Vinci sagte: Wenn Sie ein universelles Gedächtnis erlangen wollen, dann müssen Sie „die Wissenschaft der Kunst, aber auch die Kunst der Wissenschaft" studieren.

Wenn Sie sich die großen Maler, Komponisten und Schriftsteller einprägen wollen, können Sie z.B. die Zahlen von 1.000 bis 1.300 in Ihrem SEM^3 System benutzen, falls Sie die ersten 1.000 bereits belegt haben. Nehmen wir einmal an, daß Leonardo da Vinci Ihre Nummer 1.020 ist. Ihr SEM^3 Schlüsselwort ist die Zahl 20 (Nase) in Verbindung mit dem Geräusch Singen.

Um sich einzuprägen, daß Leonardo in der Blütezeit der Renaissance (Wiedergeburt) lebte und daß eines seiner berühmtesten Werke die „Felsgrottenmadonna" ist, könnten Sie sich Leonardo mit einer riesigen Nase vorstellen, der vor einer Staffelei sitzt und auf eine riesige Leinwand malt. Dabei singt er eine Opernarie (damit Sie sich daran erinnern, daß er Italiener war).

Um sich das Zeitalter Renaissance merken zu können, könnten Sie ein kleines Baby an seine Seite setzen, das ihm beim Malen hilft. Die Nase des Malers sieht aus wie ein riesiges Felsgebirge, auf dem eine wunderschöne Jungfrau gefangen ist und nach Hilfe ruft (wenn Sie möchten, kann diese Jungfrau sogar der Mona Lisa ähneln). Um sich die Daten 1452 und 1519 einzuprägen, nehmen Sie die Zahlen 4=R, 5=L, 2=N; 5=L, 1=T oder D, 9=B und bilden daraus Wörter, die sich mit da Vinci in Verbindung bringen lassen. Z.B.: In der *R*enaissance *l*ebender *N*aturalist; *L*eonardo *D*a *V*incis *B*eerdigung. Wenden Sie diese Techniken beim Einprägen der Wissensmatrizen an, die Ihnen am wichtigsten und interessantesten erscheinen.

Die Informationen über alle wichtigen europäischen Maler wurden nach drei Bereichen geordnet, damit Sie sie schneller finden und sie sich leichter einprägen können:

Nr.	**Name**, Geburts- und Sterbejahr, Nationalität Bekanntestes Werk (Aufbewahrungsort) Schule bzw. Genre

1. **Duccio Di Buoninsegna** 1255 - 1318 Italiener
Der Einzug Christi nach Jerusalem
Sienesische Schule; Vor-Renaissance
2. **Giotto** 1267 - 1337 Italiener
Die Begegnung Joachims und Annas an der Goldenen Pforte (Padua, Arenakapelle)
Florentiner Schule; Vor-Renaissance
3. **Simone Martini** 1284 - 1344 Italiener
Verkündigung (Florenz, Uffizien)
Sienesische Schule; italienische Gotik
4. **Jan van Eyck** 1385/90 - 1441 Holländer
Giovanni Arnolfini und seine Frau (London, National Gallery)
Flämische Schule; Miniatur-, Tafelmalerei
5. **Fra Angelico** 1387 - 1455 Italiener
Die Verkündigung (Florenz, Kloster von San Marco)
Florentiner/Sienesische Schule; Fresko

6. **Paolo Uccello** 1397 - 1475 Italiener
Die Schlacht von San Romano (London, National Gallery)
Florentiner Schule
7. **Rogier van der Weyden** 1399 - 1464 Flame
Kreuzabnahme (Madrid, Prado)
Flämische Schule
8. **Masaccio** 1401 - 1428 Italiener
Der Zinsgroschen (Brancacci-Kapelle, Santa Maria del Carmine, Florenz)
Florentiner Schule, Fresko; Frührenaissance
9. **Piero Della Francesca** 1410/20 - 1492 Italiener
Die Auferstehung (Palazzo Cominale, Boreo San Sepolcro)
Umbrische Schule
10. **Giovanni Bellini** 1430 - 1516 Italiener
Madonna Davis (New York, Metropolitan Museum of Art)
Venezianische Schule
11. **Andrea Mantegna** 1431 - 1506 Italiener
Kreuzigung (Musée National du Louvre)
Mantovanische Schule
12. **Luca Signorelli** 1441/50 - 1523 Italiener
Die Heilige Familie (Florenz, Uffizien)
Umbrische Schule
13. **Sandro Botticelli** 1445 - 1510 Italiener
Die Geburt der Venus (Florenz: Uffizien)
Florentiner Schule
14. **Hieronymus Bosch** 1450 - 1516 Holländer
Der Garten der Lüste (Prado, Madrid)
Flämische Schule
15. **Leonardo da Vinci** 1452 - 1519 Italiener
Die Felsgrottenmadonna (Louvre, Paris)
Florentiner Schule
16. **Albrecht Dürer** 1471 - 1528 Deutscher
Die vier Apostel (Pinakothek, München)
Deutsche Schule; Renaissance
17. **Michelangelo Buonarrotti** 1475 - 1564 Italiener
Deckenmalerei in der Sixtinischen Kapelle (Vatikan)
Florentiner Schule

18. Matthias Grünewald 1470/80 - 1528 Deutscher
Isenheimer Altar (Musée Unterlinden, Colmar)
Deutsche Schule; Spätgotik

19. Giorgione 1477 - 1510 Italiener
Fête Champêtre (Louvre, Paris)
Venezianische Schule

20. Raffael 1483 - 1520 Italiener
Die Schule von Athen (Vatikan)
Florentiner Schule; Fresko

21. Tizian 1487 - 1576 Italiener
Venus von Urbino (Florenz, Uffizien)
Venezianische Schule

22. Antonio Correggio 1489/94 - 1534 Italiener
Danae (Galleria Borghese, Rom)
Italienische Hochrenaissance

23. Hans Holbein (der Jüngere) 1497 - 1543 Deutscher
Portrait des Erasmus (Louvre, Paris)
Deutsche Schule

24. Jacopo Tintoretto 1518 - 1594 Italiener
Abendmahl (Santa Marciola, Venedig)
Venezianischer Manierist

25. Pieter Bruegel (der Ältere) 1520/30 - 1569 Flame
Die Parabel von dem Blinden (Museo Nazionale, Neapel)
Flämische Schule

26. Paolo Veronese 1528 - 1588 Italiener
Gastmahl des Levi (Akademie, Venedig)
Venezianische Schule

27. El Greco 1541 - 1614 Grieche
Die Anbetung der Hirten (Madrid, Prado)
Spanische Schule (durch Adoption)

28. Annibale Carracci 1560 - 1609 Italiener
Herkules am Scheideweg
Bolognesische, klassische Schule

29. Michelangelo Merisi da Caravaggio 1571 - 1610 Ital.
Christus in Emmaus (National Gallery, London)
Unabhängiger Tenebrist

30. Sir Peter Paul Rubens 1577 - 1640 Flame
Kreuzabnahme (Antwerper Kathedrale)
Flämische Schule; Barock

31. Frans Hals 1581 - 1666 Holländer
Der lachende Kavalier
Holländische Schule

32. Georges La Tour 1593 - 1652 Franzose
Anbetung der Hirten (Louvre, Paris)
Lothringer Schule

33. Nicolas Poussin 1595 - 1665 Franzose
Der Raub der Sabinerinnen (Metropolitan Museum, New York)
Französische Schule; arbeitete vorwiegend in Rom, klassisch

34. Francisco de Zurbarán 1598 - 1664 Spanier
Der heilige Franz von Assisi (Museum von Lion)
Spanische Schule

35. Sir Anthony Van Dyck 1599 - 1641 Flame
Karl I. von England (Louvre, Paris)
Flämische Schule

36. Diego Rodriguez de Silva y Velazquez, 1599-1660 Span.
Las Meninas (Prado, Madrid)
Spanische Schule

37. Gelle Claude (Claude Lorraine) 1600 - 1682 Franz.
Einschiffung der Königin von Saba (National Gallery, London)
Französische Schule; romantischer Klassizismus

38. Bartolome Esteban Murillo 1617/18 - 1682 Spanier
Die Immaculata (Museum von Sevilla)
Spanische Schule

39. Harmensz van Rijn Rembrandt 1606 - 1669 Holländ.
Die Nachtwache (Rijksmuseum, Amsterdam)
Holländische Schule

40. Jacob van Ruisdael 1628/29 - 1682 Holländ.
Dünen (St. Petersburg, Eremitage)
Holländische Schule

41. Jan Vermeer 1632 - 1675 Holländer
Die Musikstunde (Queen's Gallery, London)
Holländische Schule

42. **Jean Antoine Watteau** 1684 - 1721 Franzose
Aufbruch von Kythera (Louvre, Paris)
Französische Schule

43. **Giovanni Batista Tiepolo** 1696 - 1770 Italiener
Fresken von Antonius und Cleopatra (Palazzo Labia, Venedig)
Venezianische Schule

44. **William Hogarth** 1697 - 1764 Engländer
Kurz nach der Hochzeit (National Gallery, London)
Englische Schule

45. **(Giovanni) Antonio Canaletto** 1697 - 1768 Italiener
Die Rückkehr des Bucintoro zur Mole am Himmelfahrtstag (Sammlung Aldo Crespi, Mailand)
Venezianische Schule

46. **Jean Baptiste Simeon Chardin** 1699 - 1779 Franz.
Stilleben Küche (Museum of Fine Arts, Boston)
Französische Schule

47. **François Boucher** 1703 - 1770 Franzose
Der Triumph der Venus (Museum von Stockholm)
Französische Schule; Rokoko

48. **Sir Joshua Reynolds** 1723 - 1792 Engländer
Das Alter der Unschuld (Tate Gallery, London)
Englische Schule

49. **George Stubbs** 1724 - 1806 Engländer
Löwe greift ein Pferd an (Tate Gallery, London)
Englische Schule

50. **Thomas Gainsborough** 1727 - 1788 Engländer
Mr and Mrs Andrews (National Gallery, London)
Englische Schule

51. **Jean Honoré Fragonard** 1732 - 1806 Franzose
Die Verfolgung (Frick Collection, New York)
Französische Schule; Rokoko

52. **Joseph Wright of Derby** 1734 - 1797 Engländer
Das Experiment mit dem Vogel in der Luftpumpe (Tate Gallery, London)
Englische Schule

53. **Francisco de Goya y Lucientes** 1746 - 1828 Spanier
Die Erschießung der Aufständischen vom 3. Mai 1808 (Prado, Madrid)
Spanische Schule

54. **Jacques Louis David** 1748 - 1825 Franzose
Der ermordete Marat (Royal Museum of Fine Art, Brüssel)
Französische Schule; neoklassisch

55. **William Blake** 1757 - 1827 Engländer
Newton (Tate Gallery, London)
Englische Schule

56. **Caspar David Friedrich** 1774 - 1840 Deutscher
Mann und Frau in Betrachtung des Mondes (Nationalgalerie, Berlin)
Deutsche Romantik

57. **Joseph Mallord William Turner** 1775 - 1851 Engl.
Regen, Dampf und Geschwindigkeit (National Gallery, London)
Englische Schule

58. **John Constable** 1776 - 1837 Engländer
Der Heuwagen (National Gallery, London)
Englische Schule

59. **Jean Auguste Dominique Ingres** 1780 - 1867 Franz.
Das türkische Bad (Louvre, Paris)
Französische Schule; Neoklassik

60. **John Sell Cotman** 1782 - 1842 Engländer
Aquädukt in Chirk (Victoria und Albert Museum, London)
Englische Schule; Norwich

61. **Théodore Géricault** 1791 - 1824 Franzose
Das Floß der Medusa (Louvre, Paris)
Französische Schule; Romantik

62. **Jean Baptiste Camille Corot** 1796 - 1875 Franzose
Erinnerung an Mortefontaine (Louvre, Paris)
Französische Schule

63. **Eugene Delacroix** 1798 - 1863 Franzose
Die Freiheit führt das Volk auf die Barrikaden
Französische Schule; Romantik

64. **Jan François Millet** 1814 - 1875 Franzose
Angelusläuten (Louvre, Paris)
Französische Schule; Romantik

65. **Gustave Courbet** 1819 - 1877 Franzose
Die Begegnung (Musée Fabre, Montpellier)
Französische Schule; Realismus

66. William Holman Hunt 1827 - 1910 Engländer
Das Licht der Welt (Keble College, Oxford)
Englische Schule; Pre-Raffaelische Bruderschaft

67. Arnold Böcklin 1827 - 1901 Schweizer
Die Toteninsel (Metropolitan Museum, New York)
Schweizer Schule; Romantik

68. Camille Pissaro 1831 - 1903 Franzose
Die roten Dächer (Louvre, Paris)
Französischer Impressionist (Landschaften)

69. Edouard Manet 1832 - 1883 Franzose
Der Pfeifer (Musée d´Orsay)
Französischer urbaner Impressionist

70. Edgar Degas 1834 - 1917 Franzose
Die Tanzstunde (Musée d'Orsay, Paris)
Französischer urbaner Impressionist

71. Paul Cézanne 1839 - 1906 Franzose
Mont Sainte-Victoire (Museum of Art, Philadelphia)
Französische Schule; Post-Impressionist

72. Odilon Redon 1840 - 1916 Franzose
Stille (Museum of Modern Art, New York)
Französischer Symbolist

73. Claude Monet 1840 - 1926 Franzose
Wasserlilien (Louvre, Paris)
Französischer Impressionist

74. Pierre-Auguste Renoir 1841 - 1919 Franzose
La Moulin de la Galette (Musée d'Orsay, Paris)
Französischer Impressionist

75. Paul Gaugin 1848 - 1903 Franzose
Reiter am Strand (Folknang Museum, Essen)
Französische Schule; Post-Impressionist

76. Vincent van Gogh 1853 - 1890 Holländer
Sonnenblumen (National Gallery, London)
Französische Schule; Post-Impressionist

77. Georges Seurat 1859 - 1891 Franzose
Badeplatz in Asnières (National Gallery, London)
Französische Schule; Pointillist

78. Walter Richard Sickert 1860 - 1942 Norweger
Das Eldorado, Paris (Universität von Birmingham)
Camden Town Gruppe; Post-Impressionist

79. **Edvard Munch** 1863 - 1944 Norweger
Der Schrei (Nationalgalerie, Oslo)
Norwegische Schule; Vorläufer des Expressionismus

80. **Wassily Kandinski** 1866 - 1944 Russe
Improvisation 30 (Kanonen) (Art Institute von Chicago)
Der Blaue Reiter; Abstrake Malerei

81. **Pierre Bonnard** 1867 - 1947 Franzose
Kaffee (Tate Gallery, London)
Intimist

82. **Henri Matisse** 1869 - 1954 Franzose
Das rote Atelier (Museum of Modern Art, New York)
Fauvismus

83. **Giacomo Balla** 1871 - 1958 Italiener
Dynamik eines Hundes an der Leine (A. Congere Goodyear, New York)
Italienischer Futurist

84. **Georges Rouault** 1871 - 1958 Franzose
Die Flucht nach Ägypten I (Musée National d'Art Moderne)
Pariser Schule; Unabhängiger Expressionist

85. **Piet Mondrian** 1872 - 1944 Holländer
Broadway Boogie Woogie (Museum of Modern Art, New York)
De Stijl; Neoplastizismus, abstrakt

86. **Paul Klee** 1879 - 1940 Deutsch-Schweizer
Landschaft mit gelben Vögeln (Doetsch-Benzinger Collection, Basel)
Der Blaue Reiter; unabhängig

87. **Fernand Léger** 1881 - 1955 Franzose
Les Fumeurs (Die Raucher) (Guggenheim Museum, New York)
Kubist

88. **Pablo Ruiz y Picasso** 1881 - 1973 Spanier
Guernica (Prado, Madrid)
Kubist

89. **Georges Braque** 1882 - 1963 Franzose
Atelier IX (Maeght Collection, Paris)
Kubist

90. Max Beckmann 1884 - 1950 Deutscher
Abfahrt (Museum of Modern Art, New York)
Expressionist

91. Percy Wyndham Lewis 1884 - 1957 Engländer
Edith Sitwell (Tate Gallery, London)
Vortizist, englischer Zweig des Kubismus/Futurismus

92. Robert Delaunay 1885 - 1927 Franzose
Fensterserie (Guggenheim Museum, New York)
Pariser Schule; Orphist

93. Juan Gris 1887 - 1927 Spanier
Stilleben mit Blick auf die Place Ravignan (Arenburg Collection, Philadelphia Museum of Art)
Kubist

94. Marc Chagall 1887 - 1985 Russe
Ich und das Dorf (Museum of Modern Art, New York)
Pariser Schule, unabhängiger Fantast

95. Giorgio de Chirico 1888 - 1978 Italiener
Die beunruhigenden Musen (Staatsgallerie modernern Kunst, München)
Italienischer Metaphysiker

96. Paul Nash 1889 - 1946 Engländer
Totes Meer (Tate Gallery, London)
Englischer Surrealist

97. Max Ernst 1891 - 1976 Deutscher
Die Einkleidung der Braut (Peggy Guggenheim Gallerie, Venedig)
Surrealist

98. Stanley Spencer 1891 - 1959 Engländer
The Murals at Burghclere Chapel
Unabhängig, religiös

99. René Magritte 1898 - 1967 Belgier
Der falsche Spiegel (Museum of Modern Art, New York)
Surrealist

100. Salvador Dalí 1904 - 1989 Spanier
Die Beharrlichkeit der Erinnerung (Museo Nacional Centro de Arte Reina Sophia, Madrid)
Surrealist

9 Komponisten

So wie Maler von der visuellen geschichtlichen Entwicklung der Menschheit zeugen, belegen Komponisten die akustische/musikalische Entwicklung. Geräusche und Töne als Reiz für einen unserer fünf Sinne – das Gehör – sind von Natur aus sehr wichtige Gedächtniswerkzeuge. Hören ist außerdem eine der geistigen Fähigkeiten, die für die Entwicklung der Master-Memory-Fähigkeit der Synästhesie wichtig sind – der Verschmelzung der Sinneseindrücke. Sie erinnern sich: Die Synästhesie dient der Sensibilisierung jeder einzelnen Sinneswahrnehmung und der damit zusammenhängenden Steigerung des kreativen Denkens und der Gedächtnisleistung.

Wenn Sie die folgende Liste der Komponisten mit Hilfe des SEM^3 organisiert und gelernt haben, verfügen Sie über eine Grundlage an musikalischem Wissen, die es Ihrem Gehirn ermöglicht, *selbständig* verschiedene Assoziationen mit jedem einzelnen Komponisten und seiner Musik zu bilden. Auf diese Weise weben Sie ein faszinierendes, anregendes und immer dichter werdendes Netz von Informationen.

Wenn Sie z.B. im Radio hören, daß Smetana ursprünglich wegen seiner erstaunlichen Lebensenergie und Begeisterungsfähigkeit bekannt war, daß seine beiden Kinder schon früh starben und daß er an einer grausamen schleichenden Krankheit litt, dic langsam sein Gehirn zerstörte, und daß er trotzdem weiter komponierte und jedes Detail seines Zerfalls und die Auswirkungen dieser Krankheit auf sein Gedächtnis festhielt, dann werden Sie seiner Musik in Zukunft mit größerem Verständnis und mehr Interesse lauschen. Außerdem lernen Sie etwas über die Zeit, in der Smetana lebte.

Wenn Sie SEM^3 auf diese Weise nutzen, können Sie mit Hilfe der großen historischen und zeitgenössischen Persönlichkeiten im Bereich Musik und mit dem Medium Akustik das Wesen der Menschheit erforschen und besser verstehen lernen.

Die Informationen über alle wichtigen europäischen Musiker wurden nach vier Bereichen geordnet, damit Sie sie schneller finden und sie sich leichter einprägen können:

Nr. Name, Geburts- und Sterbejahr, Nationalität Bekanntestes Werk/bekannteste Werke Musikalische Gattung, Entstehungszeit

1. **Philippe de Vitry** 1291 - 1361 Franzose
Impudenter circumivi/Virtutibus
Weltliche Musik und Ars Nova; Mittelalter
2. **Guillaume de Machaut** 1300 - 1377 Franzose
Messe de Notre Dame
Geistliche und weltliche Musik; Mittelalter
3. **Francesco Landini** 1325 - 1397 Italiener
Ecco la primavera
Weltliche Musik; Mittelalter
4. **John Dunstable** 1390 - 1453 Engländer
O Rosa Bella
Geistliche und weltliche Musik; Mittelalter
5. **Gilles de Bins Binchois** 1400 - 1460 Franko-Flame
Fille à marier
Geistliche und weltliche Musik; Renaissance
6. **Guillaume Dufay** 1400 - 1474 Franko-Flame
Se la face ay pale
Geistliche und weltliche Musik; Renaissance
7. **Johannes Ockeghem** 1410 - 1497 Franko-Flame
Missa cuiusvi toni
Geistliche und weltliche Musik; Renaissance
8. **Josquin Desprez** 1440 - 1521 Franko-Flame
Ave Maria
Geistliche und weltliche Musik; Renaissance
9. **Heinrich Isaac** 1450 - 1517 Flame
Choralis constantinus
Geistliche und weltliche Vokalmusik; Renaissance
10. **Andrea Gabrieli** 1510 - 1586 Italiener
Magnifikat für 3 Chöre und Orchester
Geistliche Musik und Madrigale; Renaissance

11. **Giovanni Pierluigi da Palestrina** 1525 - 1586 Ital.
Missa Papae Marcelli
Geistliche und weltliche Vokalmusik; Renaissance

12. **Orlando do Lassus** 1532 - 1594 Franko-Flame
Alma redemptoris mater
Geistliche und weltliche Vokalmusik; Renaissance

13. **William Byrd** 1543 - 1623 Engländer
Sing Joyfully/Ave Verum Corpus
Geistliche und weltliche Chormusik; vokale Kammermusik, Musik für Tasteninstrumente; Renaissance
Anmerkung: Wird als „Vater der englischen Musik" bezeichnet

14. **Giulio Caccini** 1545 - 1618 Italiener
Toccate d'Intavolature
Le Nuove Musiche; Barock

15. **Tomás Luis de Victoria** 1548 - 1611 Spanier
Mass Laetatus Sum
Lieder im neuen Stil; Renaissance

16. **Luca Marenzio** 1553 - 1599 Italiener
Dolorosi martir
Weltliche und geistliche Vokalmusik; Renaissance

17. **Giovanni Gabrieli** 1555 - 1612 Italiener
Canzon XIII
Geistliche Vokalmusik, instrumentale Musik und weltliche Vokalmusik; Renaissance

18. **Thomas Morley** 1557 - 1602 Engländer
Now Is the Month of Maying
Weltliche und geistliche Vokalmusik, Instrumentalmusik; Renaissance
Anmerkung: Spezialisierte sich auf Ballett-Madrigale (leichte Form des Madrigals)

19. **Carlo Gesualdo** 1560 - 1613 Italiener
Deh, coprite il bel seno
Weltliche und geistliche Vokalmusik; Renaissance

20. **John Bull** 1562 - 1628 Engländer
Fantasia
Komponist für Tasteninstrumente, Renaissance

21. **John Dowland** 1563 - 1626 Engländer
In darkness let mee dwell
Weltliche Vokal- und Instrumentalmusik; Renaissance

22. Claudio Monteverdi 1567 - 1643 Italiener
Madrigali guerrieri et amorosi, d'Ulisse in patria
Weltliche und geistliche Vokalmusik; Madrigale, Opern; Renaissance/Barock

23. Thomas Weelkes 1575 - 1623 Engländer
As Vesta was from Latmos Hill descending
Madrigale, geistliche Vokal- und Instrumentalmusik; Renaissance

24. Orlando Gibbons 1583 - 1625 Engländer
This is the Record of John, The Silver Swan
Geistliche Vokalmusik, Gesänge, Musik für Tasten- und andere Instrumente; Renaissance

25. Girolamo Frescobaldi 1583 - 1643 Italiener
Capriccio sopra la battaglia
Gesänge und Musik für Tasteninstrumente; Barock
Anmerkung: „Ein Gigant" unter den Organisten

26. Heinrich Schütz 1585 - 1672 Deutscher
Matthäuspassion, Weihnachtsoratorium
Weltliche und geistliche Vokalmusik; Barock

27. Francesco Cavalli 1602 - 1676 Italiener
Ercole Amante
Weltliche Vokalmusik; Barock

28. Giacomo Carissimi 1605 - 1674 Italiener
Histoire des Cyclopes
Geistliche Musikdramen; Barock

29. Jean-Baptiste Lully 1632 - 1687 Italiener
L´amour médecin
Geistliche Chormusik, komisches Ballett, Opern, Ballette und Tanzmusik; Barock

30. Dietrich Buxtehude 1637 - 1707 Däne
Oratorien, Kantaten Orgelmusik
Entwickelte die „Musica Recitativa"; Barock
Anmerkung: Hatte als erster die Idee zu Abendmusik, öffentlichen Konzerten in Kirchen, hat Bach beeinflußt

31. Arcangelo Corelli 1653 - 1713 Italiener
Weihnachtskonzert
Kirchensonaten; Barock

32. Henry Purcell 1659 - 1695 Engländer
My heart is inditing, Fantasia upon One Note
Weltliche und geistliche Chormusik, Instrumental- und Musik für Tasteninstrumente; Barock

33. Alessandro Scarlatti 1660 - 1725 Italiener
Le Teodora augusta
Geistliche und weltliche Chor- und Vokalmusik, Opern, Instrumentalmusik; Barock

34. François Couperin 1668 - 1733 Franzose
Concerts Royaux
Musik für Tasteninstrumente, besonders Cembalo, Kammermusik, geistliche und weltliche Chormusik; Barock

35. Antonio Vivaldi 1678 - 1741 Italiener
Die vier Jahreszeiten
Konzerte, Opern, geistliche Chor- und Kammermusik; Barock

36. Georg Philipp Telemann 1681 - 1767 Deutscher
Tafelmusik
Kammermusik; Barock

37. Jean-Philippe Rameau 1683 - 1767 Franzose
Hippolyte et Aricie
Opern, Musik für Tasteninstrumente, Kammermusik, geistliche Musik; Barock

38. Johann Sebastian Bach 1685 - 1750 Deutscher
Johannespassion
Geistliche Chormusik, weltliche Vokalmusik, orchestrale Kammermusik, Musik für Tasteninstrumente, Orgelmusik; Barock

39. Domenico Scarlatti 1685 - 1757 Italiener
Essercizi per Gravicembalo
Musik für Tasteninstrumente, geistliche Chormusik, Instrumentalmusik und Opern; Barock

40. Georg Friedrich Händel 1685 - 1759 Deutsch/Engl.
Wassermusik
Opern, Oratorien, geistlich vokal, orchestral, Kammermusik und Musik für Tasteninstrumente; Barock

41. Christoph Willibald Gluck 1714 - 1787 Deutscher
Don Juan, Orpheus und Eurydike
Opern, Ballett, Lieder, geistliche, vokale und Kammermusik; Renaissance

42. Carl Philip Emanuel Bach 1714 - 1788 Deutscher
Rondo in Es-Dur
Musik für Tasteninstrumente, Orchester-, Kammer- und Chormusik; Klassik

43. Franz Joseph Haydn 1732 - 1809 Österr.
Die Schöpfung
Sinfonien, Musik für Tasteninstrumente, Kammermusik, Opern, Oratorien Chormusik; Klassik

44. Johann Christian Bach 1735 - 1782 Deutscher
Toccata, Adagio und Fuge in d-moll
Orchester-, Kammer-, Orgelmusik, Musik für Tasteninstrumente, Opern und geistliche Musik; Klassik

45. Luigi Boccherini 1743 - 1805 Italiener
Streichquartett in E-Dur, Opus 13 Nr. 5
Kammermusik, Sinfonien und Konzerte, Opern und geistliche Musik; Klassik

46. Muzio Clementi 1752 - 1832 Italiener
Pastorales Menuett in D
Klaviermusik; Klassik
Anmerkung: Bekannt als „Vater des Pianoforte"

47. Wolfgang Amadeus Mozart 1756 - 1791 Österr.
Die Zauberflöte, Don Giovanni
Opern, Sinfonien, Konzerte, Chor-, Kammer-, Klavier- und Vokalmusik; Klassik

48. Iganz Pleyel 1757 - 1831 Österr.
Sinfonies Concertantes
Sinfonien, Kammermusik; Klassik

49. Ludwig van Beethoven 1770 - 1827 Deutscher
Pastorale, Fidelio
Sinfonien, Konzerte, Chormusik, Klaviermusik, Streichquartette, Kammermusik, Lieder, Opern; Klassik
Anmerkung: Veränderte radikal alle Musikformen, mit denen er arbeitete

50. **Carl Maria von Weber** 1786 - 1826 Deutscher
Der Freischütz, Aufforderung zum Tanz
Opern, Orchestermusik, Klaviermusik, Hintergrundmusik; Romantik

51. **Gioacchino Rossini** 1792 - 1828 Italiener
Der Barbier von Sevilla Wilhelm Tell
Opern, geistliche Chormusik, weltliche und Kammermusik; Romantik

52. **Franz Schubert** 1797 - 1828 Österr.
Die schöne Müllerin, Forellenquintett
Lieder, Orchester-, Kammer- und Klaviermusik, Opern; Romantik

53. **Vincenzo Bellini** 1801 - 1835 Italiener
I Puritani
Vokalmusik, Opern, Lieder und Instrumentalmusik; Romantik

54. **Hector Berlioz** 1803 - 1869 Franzose
Symphonie Fantastique, Romeo und Julia
Oper, Orchestersinfonien, geistliche und weltliche Chormusik, Vokalmusik; Romantik

55. **Felix Mendelssohn Bartholdy** 1809 - 1847 Deutscher
Ein Mitsommernachtstraum, Die Hebriden
Orchestermusik, Sinfonien, Kammermusik, Klaviermusik, geistliche Chormusik; Romantik

56. **Frédéric Chopin** 1810 - 1849 Pole
Etüden
Klaviermusik, Orchestermusik, Kammermusik; Romantik

57. **Robert Schumann** 1810 - 1856 Deutscher
Frauenliebe und -leben, Szenen aus Faust
Lieder, Klavier-, Orchester-, Kammermusik, Opern und Chormusik; Romantik

58. **Franz Liszt** 1811 - 1886 Ungar
Ungarische Rhapsodien, Faust Sinfonie
Orchestermusik, Klaviermusik, Chormusik; Romantik

59. **Richard Wagner** 1813 - 1883 Deutscher
Der fliegende Holländer
Opern, Orchestermusik, Lieder; Romantik

60. Giuseppe Verdi 1813 - 1901 Italiener
Rigoletto, Requiem
Opern, geistliche und weltliche Gesänge, Kammermusik; Jahrhundertwende

61. Bedrich Smetana 1824 - 1884 Tscheche
Die verkaufte Braut, Die Moldau
Tondichtung, Kammermusik und Opern; Jahrhundertwende

62. Anton Bruckner 1824 - 1896 Österr.
Te Deum
Sinfonien, Chor- und Kammermusik; Jahrhundertwende

63. Alexander Borodin 1833 - 1897 Russe
Fürst Igor
Sinfonien und Opern; Jahrhundertwende

64. Johannes Brahms 1833 - 1897 Deutscher
Ungarische Tänze, Tragische Ouvertüre op. 81, Deutsches Requiem
Orchestermusik, Kammer-, Klavier-, Chormusik, Lieder; Romantik

65. Modest Mussorgsky 1839 - 1881 Russe
Ohne Sonne
Opern, Orchestermusik, Lieder und Klaviermusik; Jahrhundertwende

66. Peter Iljitsch Tschaikowski 1840 - 1893 Russe
Dornröschen, Der Nußknacker
Opern, Ballette, Chormusik, Sinfonien Kammermusik; Jahrhundertwende

67. Anton Dvorák 1841 - 1904 Tschech.
Aus der neuen Welt, Das amerikanische Quartett
Orchestermusik, Sinfonien, Opern Kammermusik, Chormusik; Jahrhundertwende

68. Nikolai Rimski-Korsakov 1844 - 1908 Russe
Der goldene Hahn
Opern, Orchesterwerke; Jahrhundertwende

69. Leos Janacek 1854 - 1928 Tscheche
Das schlaue Füchslein
Opern, Chormusik, Vokalmusik, Orchester- und Kammermusik; Jahrhundertwende

70. **Edward Elgar** 1857 - 1934 Engländer
Pomp and Circumstances, Enigma Variations, The Apostles
Orchester-, Chor-, Kammermusik Lieder, Klaviermusik, Hintergrundmusik; Jahrhundertwende

71. **Giacomo Puccini** 1858 - 1924 Italiener
La Boheme, Madame Butterfly
Opern, Chormusik; Jahrhundertwende

72. **Hugo Wolf** 1860 - 1903 Österr.
Der Corregidor
Lieder, Opern, Orchester- und Kammermusik; Jahrhundertwende

73. **Gustav Mahler** 1860 - 1911 Österr.
Auferstehungs-Sinfonie, Lieder eines fahrenden Gesellen, Des Knaben Wunderhorn
Sinfonien, Lieder, Chormusik; Jahrhundertwende

74. **Claude Debussy** 1862 - 1918 Franzose
Der Nachmittag eines Faun, La Mer
Orchestermusik, Ballett, Klavier- und Kammermusik; Jahrhundertwende

75. **Richard Strauss** 1864 - 1949 Deutscher
Der Rosenkavalier, Die Frau ohne Schatten
Orchestermusik, Opern, Chormusik, Lieder; Jahrhundertwende

76. **Jean Sibelius** 1865 - 1957 Finne
Finlandia, Night Ride and Sunrise, The Tempest
Orchester-, Hintergrundmusik, Kammer-, Chormusik; Jahrhundertwende

77. **Ralph Vaughan Williams** 1872 - 1958 Engländer
Pastorale, Fantasia über Greensleves
Opern, Ballette, Orchestermusik, Hintergrundmusik, Vokalmusik; Moderne

78. **Sergej Rachmaninow** 1873 - 1943 Russe
Rhapsodie über ein Thema von Paganini für Klavier und Orchester, Prelude cis-Moll op.3
Orchester-, Klavier- und Chormusik; Jahrhundertwende

79. **Arnold Schönberg** 1874 - 1951 Österr.
Die gesegnete Hand, Die Jakobsleiter
Opern, Chor-, Orchester-, Kammer- und Vokalmusik; Moderne

80. Charles Ives 1874 - 1954 Amerik.
The Circus Band, Three Places in New England, The Unanswered Question
Orchester-, Chor-, Kammer- und Klaviermusik; Moderne

81. Maurice Ravel 1875 - 1937 Franzose
Rhapsodie Espagnole, Mutter Gans
Orchestermusik, Klaviermusik, Kammermusik, Lieder; Jahrhundertwende

82. Manuel de Falla 1876 - 1946 Spanier
Der Dreispitz, Atlantida
Oper, Ballett, Chor- und Klaviermusik; Moderne

83. Béla Bartok 1881 - 1945 Ungar
Herzog Blaubarts Burg, Der holzgeschnitzte Prinz, Der wunderbare Mandarin
Opern, Ballette, Orchester-, Kammer- und Klaviermusik; Moderne

84. Igor Strawinsky 1882 - 1971 Russe
Der Feuervogel, Le sacre du printemps, Orpheus, Die Geschichte vom Soldaten
Opern, Ballett, Orchester- und Chormusik; Moderne

85. Anton von Webern 1883 - 1945 Österr.
Passacaglia, Das Augenlicht
Orchester-, Chor-, Kammer- und Vokalmusik; Moderne

86. Edgard Varèse 1883 - 1965 Franz./Amerik.
Amériques, Hyperprism
Orchester-, Vokal-, instrumental- und elektronische Musik; Moderne

87. Alban Berg 1885 - 1935 Österr.
Wozzeck, Lulu
Oper, Orchester-, Kammermusik, Lieder, Klaviermusik; Moderne

88. Louis Durey 1888 - 1979 Franzose
Le Printemps au fond de la mer
Oper, instrumentale und Vokalmusik; Moderne

89. Sergej Prokofjew 1891 - 1953 Ukrainisch
Der Spieler, Krieg und Frieden, Romeo und Julia
Oper, Ballett, Orchester-, Chor-, Kammer- und Klaviermusik; Moderne

90. **Darius Milhaud** 1892 - 1974 Franzose
Les Malheurs d'Orphée
Orchester-, Chor-, Kammermusik und Musik für Tasteninstrumente; Moderne
Anmerkung: Mitglied der „Les Six"

91. **Germaine Tailleferre** 1892 - 1955 Franzose
6 französische Lieder
Oper, Instrumental- und Vokalmusik; Moderne
Anmerkung: Mitglied der „Les Six"

92. **Arthur Honegger** 1892 - 1955 Franzose
Le Roi David
Oper, Ballett, Orchester- und Vokalmusik; Moderne
Anmerkung: Mitglied der „Les Six"

93. **Paul Hindemith** 1895 - 1963 Deutscher
Mathis der Maler, Die vier Temperamente
Oper, Ballett, Orchester-, Kammer-, Klavier-, Orgelmusik, Vokal- und Chormusik; Moderne

94. **Carl Orff** 1895 - 1982 Deutscher
Carmina Burana
Kantaten; Moderne

95. **Henry Cowell** 1897 - 1965 Amerik.
Synchrony, Hymn and Guguing Tune, Mosaic
Orchester-, Instrumental-, Klaviermusik; Moderne

96. **Francis Poulenc** 1899 - 1963 Franzose
Sonate für zwei Klarinetten, Dialogue des Carmelites
Oper, Instrumental- und Chormusik; Moderne
Anmerkung: Anführer der „Les Six"

97. **Georges Auric** 1899 - 1983 Franzose
Les Facheux, Die Vögel
Oper, Instrumental- und Chormusik; Moderne

98. **Kurt Weill** 1900 - 1950 Deutscher
Die Dreigroschenoper, Aufstieg und Fall der Stadt Mahagonny, Der Jasager
Moderne

99. **Dimitrij Schostakowitsch** 1906 - 1975 Russe
Der erste Mai, Leningrad, Die Nase
Orchestermusik, Opern, Kammer- und Klaviermusik; Moderne

100. Benjamin Britten 1913 - 1976 Engländer
The Turn of the Screw, A Midsummer Night's Dream, Variationen über ein Thema von Frank Bridge, Frühjahrssinfonie
Opern, Kirchen-, Orchester-, Chor- und Kammermusik; Moderne

10 Dichter

Dichter sind mehr als lediglich intelligente Benutzer des geschriebenen Wortes. Vielleicht sollte man sie besser als Forscher aller Bereiche des menschlichen Wissens bezeichnen, deren wichtigstes Werkzeug das Wort ist. Wenn Sie die Welt der Literatur erforschen, erforschen Sie gleichzeitig die Welt der Psychologie, der Geographie, der Philosophie, der Geschichte, der Astronomie, der Wirtschaft, der Mathematik, der Politik, der Biologie, der Physik, der Entdeckungen, der Imagination und der Phantasie.

Wenn Sie also Ihre Master Memo Matrix der großen Dichter erstellen, vergrößern Sie gleichzeitig die Anzahl der Assoziationsmöglichkeiten für alle Bereiche menschlichen Wissens. Mit jedem Schriftsteller und jedem literarischen Werk, das Sie kennenlernen, steigern Sie Ihre Fähigkeit, sich jeden anderen Autor und jedes andere Werk einzuprägen. Dieser Wissenszuwachs führt automatisch zu einer Steigerung der Lerngeschwindigkeit im allgemeinen und zu mehr Freude an Sprachen, Literatur und dem Leben selbst.

Die Informationen über alle wichtigen Dichter wurden nach drei Bereichen geordnet, damit Sie sie schneller finden und sie sich leichter einprägen können:

Nr.	Name, Geburts- und Sterbejahr, Nationalität Bekanntestes Werk/bekannteste Werke Informationen über den Dichter/sein Werk

1. **Walther von der Vogelweide** 1170-1230 Deutscher
„Ich saß auf einem Steine ...“
Wandernder Sänger und politischer Lob- und Mahnsprecher. Er verbindet Minnesang mit volkstümlicher Lyrik.
2. **Dante Alighieri** 1265-1321 Italiener
„Die Göttliche Komödie“
Studierte Philosophie und Theologie. Beteiligte sich aktiv am politischen Leben in Florenz, wurde verbannt und zum Tode verurteilt, letzte Lebensjahre in Verona und Ravenna.
3. **Geoffrey Chaucer** 1340-1400 Engländer
„Canterbury Tales“ (unvollendet)
Höhepunkt der mittelalterlichen Literatur Englands. In Italien traf Chaucer auf Boccaccio und Petrarca.
4. **Francois Villon** 1431-1463 Franzose
„Das kleine Testament“, „Das große Testament“
Erster großer französischer Lyriker, Studium an der Sorbonne. Wurde als Mörder zum Tod verurteilt, dann begnadigt.
5. **Francois Rabelais** 1494-1553 Franzose
„Gargantua und Pantagruel“
Mönch, Gelehrter und Arzt. Rabelais erteilte der mittelalterlichen Scholastik und dem Dogmatismus eine Abfuhr. Sein Prinzip: Gedankenfreiheit und Freude am Diesseits.
6. **Miguel de Cervantes Saavedra** 1547-1616 Spanier
„Don Quijote“ – eine Parodie auf die Ritterromane
Cervantes stammte aus einer einfachen Familie und führte ein abenteuerliches Leben als Soldat und Seefahrer.
7. **Francis Bacon** 1561-1626 Engländer
„Über den Fortgang der Wissenschaft“
Begründer des Empirismus. Seine Formel „Wissen ist Macht“ wurde Ausgangspunkt moderner Versuche wissenschaftlicher Naturbeherrschung.

8. William Shakespeare 1564-1616 Engländer
„Othello“, „King Lear“, „Macbeth“
Berühmtester Dramatiker. Seine Biographie als Schauspieler, Dichter und Theaterbesitzer ist kaum gesichert.

9. Hans Jakob Christoffel von Grimmelshausen
1622-1676 Deutscher
„Der abenteuerliche Simplicissimus“
Soldat, Dragoner, Pferdeknecht, später Sekretarius, Schloßverwalter, Schultheiß von Renchen (Baden).

10. Jean Baptiste Molière 1622-1673 Franzose
„Der Menschenfeind“
12 Jahre Mitglied der Schauspieltruppe „L'Illustre Théâtre“, später Hofdichter und „Maître de Plaisir“ am Hof Ludwigs XIV.

11. Jean Baptiste Racine 1639-1699 Franzose
„Phädra“
Ausbildung in den klassischen Sprachen im Kloster Port-Royal, Studium in Paris. Seine Stücke galten lange Zeit als Muster der Dramatik; letzte deutsche Ausgabe: 1957.

12. Daniel Dafoe 1660-1731 Engländer
„Robinson Crusoe“
Ausbildung an der Stoke Vewingthon Academy. Wird als „Gründer des englischen Journalismus“ bezeichnet.

13. Jonathan Swift 1667-1745 Anglo-Ire
„Gullivers Reisen“
Satiriker, der sich mit vehementer Polemik zu moralischen, kirchlichen und politischen Themen äußerte. Er engagierte sich zeitlebens für die unteren Bevölkerungsschichten.

14. Voltaire (**Francois-Marie Arouet**) 1694-1778 Franzose
„Candide“
Zunächst Jurastudium, widmete sich dann ganz der Literatur. 11 Monate Haft in der Bastille wegen Satire auf Ludwig XIV. Entwickelte als erster eine systematische rationale Geschichtsphilosophie.

15. Benjamin Franklin 1706-1790 Amerikaner
„Observation on the Relationship of Britain to her Colonies“
Inbegriff des puritanischen amerikanischen Selfmademan; war Mitverfasser und Mitunterzeichner der amerikanischen Unabhängigkeitserklärung, Erfinder des Blitzableiters.

16. Piere Augutin Caron de Beaumarchais
1732-1799 Franzose
„Der Barbier von Sevilla“, „Der tolle Tag oder Figaros Hochzeit“
Gelernter Uhrmacher, Harfenlehrer der Töchter Ludwigs XV. O.g. Werke sind Handlungsgrundlagen der Opern „Der Barbier von Sevilla“ (Rossini, 1816) und „Die Hochzeit des Figaro“ (Mozart, 1786).

17. Marquis de Sade 1740-1814 Franzose
„Justine und Juliette“, „Die 120 Tage von Sedan“
Verbrachte 27 Jahre seines Lebens in Gefängnissen und Irrenanstalten. Nach ihm wurde der psychopathologische Begriff des Sadismus geprägt.

18. Johann Wolfgang von Goethe 1749-1832 Deutscher
„Faust“, „Torquato Tasso“, „Die Leiden des jungen Werther“
Studierte in Leipzig und Straßburg, gilt als Universalgenie.

19. William Blake 1757-1827 Engländer
„Lieder der Unschuld“, „Die Hochzeit von Himmel und Hölle“
Beeinflußte mit seiner visionär-spirituellen Kunst den Jugendstil, er verband mythologische, symbolhafte Elemente zu „prophetischer Dichtung“.

20. Friedrich Schiller 1759-1805 Deutscher
„Die Räuber“, „Don Carlos“, „Kabale und Liebe“
Studierte an der Militärakademie Stuttgart Jura und Medizin. Idee der absoluten Freiheit, Auflehnung gegen jegliche Obrigkeit und Macht → Sturm-und-Drang-Dramen.

21. William Wordsworth 1770-1850 Engländer
„Präludium“, „Lyrische Balladen“
Führender Dichter der englischen Romantik.

22. Friedrich Hölderlin 1770-1843 Deutscher
„Der Archipelagus“, „Hyperion“
Theologische Ausbildung im Tübinger Stift, wurde aber Hofmeister in Frankfurt, Hamptwil und Bordeaux, ab 1802 geistig verwirrt bzw. Geisteskrank.

23. Sir Walter Scott 1771-1832 Schotte
„Ivanhoe“, „Kenilworth“
Begründer des historischen Romans. Im Mittelpunkt steht der schottische Kampf um Unabhängigkeit.

24. Jane Austen 1775-1817 Engländerin
„Emma“, „Stolz und Vorurteil“
Setzte dem romantischen Gefühlsüberschwang Vernunft und Erziehung gegenüber, vollendete den Gesellschaftsroman des 18. Jahrhunderts.

25. E.T.A. Hoffmann 1776-1822 Deutscher
„Der goldene Topf“, „Die Elixiere des Teufels“
Hauptvertreter der deutschen Hochromantik. Seine Popularität verdankte er auch der Oper „Hoffmanns Erzählungen“ von J. Offenbach.

26. Heinrich von Kleist 1777-1811 Deutscher
„Der zerbrochene Krug“, „Michael Kohlhaas“
Studium: Naturwissenschaft, Latein, später Philosophie (Kant). Sein Leben war geprägt von Krisen, Zwiespalt zwischen Pflicht und Wollen, Gesetz und Rechtsempfinden, beging Selbstmord.

27. Lord George Gordon Byron 1788-1824 Engländer
„Manfred“, „Don Juan“, „Ritter Harolds Pilgerpfad“
Seine Gedichte zeichnen sich durch Leidenschaft, Melancholie, Ironie und Beschreibungen der sinnlichen Schönheit aus. Mußte aufgrund seines Lebenswandels (bisexuelle Veranlagung, Inzestliebe, gescheiterte Ehe) 1816 England verlassen.

28. James Fenimore Cooper 1789-1851 Amerikaner
„Lederstrumpf“-Romane
Begründer des historischen Romans in Amerika. Verfaßte auch Satiren auf die amerikanische Gesellschaft.

29. John Keats 1795-1821 Engländer
„Hyperion“, „Ode an den Herbst“
Gehört zu den großen Odendichtern der englischen Romantik.

30. Thomas Carlyle 1795-1881 Schotte
„Leben und Meinungen des Herrn Teufelsdröckh“
Essayist und Geschichtsschreiber; forderte eine religiöse, soziale und patriotische Erneuerung Großbritanniens auf der Grundlage einer puritanischen Arbeitslehre.

31. Heinrich Heine 1797-1856 Deutscher
„Buch der Lieder“, „Deutschland. Ein Wintermärchen“
Gilt als Klassiker der deutschen Literaten und Überwinder der Romantik; kritisierte heftig die gesellschaftlichen und politischen Zustände in Deutschland.

32. Honoré de Balzac 1799-1850 Franzose
„Die menschliche Komödie“
Jurastudium; Schreiber in einer Anwaltskanzlei; erhob sich selbst in den Adelsstand. Wird auch „Molière des 19. Jahrhunderts“ genannt.

33. Edgar Allan Poe 1809-1849 Amerikaner
„Die Grube und das Pendel“, „Doppelmord in der Rue Morgue“
Wegbereiter der literarischen Moderne in Amerika. Seine Geschichten sind häufig düster, skurril, phantastisch.

34. Charles Dickens 1812-1870 Engländer
„Oliver Twist“, „David Copperfield“
Autor sozialkritischer Romane; diagnostizierte die gesellschaftlichen Verhältnisse aus der Perspektive des Arbeiter- und Armenmilieus.

35. Georg Büchner 1813-1837 Deutscher
„Dantons Tod“, „Woyzeck“
Dramatiker zwischen Romantik und Realismus; Frage nach den Möglichkeiten einer sinnvollen menschlichen Existenz. Die meisten seiner Werke wurden erst nach seinem Tod veröffentlicht.

36. Charles de Baudelaire 1821-1867 Franzose
„Die Blumen des Bösen“, „Die künstlichen Paradiese“
Begründer des französischen Symbolismus; stellte das Häßliche, Abnorme, Kranke als ästhetische Kategorie neben das Schöne.

37. **Fedor Dostojewskij** 1821-1881 Russe
„Schuld und Sühne", „Die Brüder Karamasow"
Schöpfer des psychologischen Romans; existentielle Fragestellung nach der Beziehung des Menschen zu Gott, nach dem Sinn von Leid oder dem Verhältnis von Gut und Böse.

38. **Jules Verne** 1828-1905 Franzose
„20 000 Meilen unterm Meer", „Reise um die Welt in 80 Tagen"
Seine phantastischen Abenteuerromane sind Vorläufer der Science-Fiction-Literatur; benutzte Fortbewegungsmittel wie Raketen und Unterseebote in seinen Werken.

39. **Henrik Ibsen** 1828-1906 Norweger
„Peer Gynt", „Hedda Gabler", „Die Wildente"
Mitbegründer des modernen Dramas und des Naturalismus in Deutschland und Skandinavien.

40. **Emily Dickinson** 1830-1861 Amerikanerin
„Guten Morgen, Mitternacht"
Bedeutendste amerikanische Lyrikerin, lebte völlig zurückgezogen im Haus ihres Vaters. Nach ihrem Tod entdeckte man über 2.000 Gedichte.

41. **Mark Twain** 1835-1910 Amerikaner
„Tom Sawyer", „Huckleberry Finn"
Verließ mit 12 Jahren die Schule, ging bei einem Drukker in die Lehre, wurde Lotse auf dem Mississippi; er verband als erster amerikanischer Autor populäre mit anspruchsvoller Literatur.

42. **Emile Zola** 1840-1902 Franzose
„Nana", „Der Totschläger"
Wegbereiter des Naturalismus; befaßte sich intensiv mit technischen und sozialen Einflüssen auf den Menschen.

43. **Oscar Wilde** 1854-1900 Ire
„Der Glückliche Prinz", „Das Bildnis der Dorian Gray"
Wortführer der neuen ästhetizierenden Bewegung, die „L'art pour l'art" zur Maxime erhob. Wurde wegen seiner homosexuellen Liebe zu Lord Alfred Douglas zu zwei Jahren Zwangsarbeit verurteilt.

44. George Bernard Shaw 1856-1950 Ire
„Pygmalion", „Die heilige Johanna"
In seinen Theaterstücken präsentierte er sozialkritische und unorthodoxe politische Ideen sowie Kritik an den herrschenden moralischen Konventionen. 1925 Nobelpreis für Literatur.

45. Selma Lagerlöf 1858-1940 Schwedin
„Gösta Berling", „Die Reise des kleinen Nils Holgersson"
Religiös geprägte, einfühlsame Darstellungen menschlicher Entwicklungswege; sie wurde 1909 als erste Frau mit dem Nobelpreis für Literatur ausgezeichnet.

46. Sir Arthur Conan Doyle 1859-1930 Engländer
„Sherlock Holmes' Abenteuer"
War Arzt, schrieb Kurzgeschichten zur Aufbesserung seiner Finanzen; während des Burenkriegs als Chefarzt in Südafrika.

47. Anton Tschechow 1860-1930 Russe
„Die Möwe", „Onkel Wanja", „Der Kirschgarten"
Die Menschen in seinen Stücken suchen nach einem Lebenssinn, nach Zuneigung, Anerkennung – werden enttäuscht und sind ernüchtert. Präzise Dialoge ohne äußere Dramatik.

48. Rudyard Kipling 1865-1936 Engländer
„Dschungelbuch", „Kim"
Gilt als Klassiker der englischen Indien-Literatur. Wurde 1907 als erster Brite mit dem Nobelpreis für Literatur ausgezeichnet.

49. H. G. Wells 1866-1946 Engländer
„Die Zeitmaschine", „Der Unsichtbare", „Der Krieg der Welten"
Vater der Science-Fiction- und Phantastischen Literatur, verstand sich als Reformer und Zeitkritiker, nahm häufig technische Möglichkeiten in seinen Phantasien vorweg.

50. John Galsworthy 1867-1933 Engländer
„Forsyte Saga", „Moderne Komödie", „Das Ende vom Lied"
Mitbegründer des PEN-Clubs; erhielt 1932 den Nobelpreis für Literatur.

51. Felix Salten 1869-1945 Österreicher
„Bambi"
Verfaßte zahlreiche andere Tiergeschichten, außerdem Gesellschafts- und Geschichtsromane.

52. Heinrich Mann 1871-1950 Deutscher
„Professor Unrat", „Der Untertan"
Mußte 1933 ins Ausland flüchten, wurde zum Symbol des Widerstands gegen den Nationalsozialismus.

53. Marcel Proust 1871-1922 Franzose
„Auf der Suche nach der verlorenen Zeit"
Litt sein Leben lang unter Asthma und Schlaflosigkeit; sein zentrales Thema war die Erforschung der „inneren Welt".

54. William Sommerset Maugham 1873-1965 Engländer
„Der Menschen Hörigkeit", „Menschen in der Südsee"
Kühl-distanzierter Stil, genaue psychologische Analysen und Ironie prägen seine Werke.

55. Christian Morgenstern 1871-1914 Deutscher
„Galgenlieder", „Palmström", „Der Gingganz"
Wurde stark von der anthroposophischen Lehre beeinflußt, ebenso vom Buddhismus. Neben seinen humoristisch-tiefsinnigen „Galgenliedern" verfaßte er ernste Lyrik, die sich mit religiösen Themen auseinandersetzt.

56. Thomas Mann 1875-1955 Deutscher
„Buddenbrooks", „Doktor Faustus", „Der Zauberberg"
Thomas Manns literarisches Werk und seine Person wurden und werden sehr unterschiedlich beurteilt. 1929 erhielt er den Nobelpreis für Literatur.

57. Rainer Maria Rilke 1875-1926 Österreicher
„Das Buch der Bilder", „Das Stunden-Buch", „Neue Gedichte"
Rilke erkannte die „anschaubare Innerlichkeit der Dinge" auf seiner Suche nach der inneren Sendung.

58. Hermann Hesse 1877-1962 Deutscher
„Das Glasperlenspiel", „Der Steppenwolf"
Hat das evangelisch-theologische Seminar in Maulbronn besucht; übte heftige Kritik an Amerikanismus, Krieg und Technik. Erhielt 1946 den Nobelpreis für Literatur, 1955 den Friedenspreis des Deutschen Buchhandels.

59. Alfred Döblin 1878-1957 Deutscher
„Berlin Alexanderplatz"
Döblin beschrieb darin die Wandlung eines schuldig gewordenen zum „neuen Menschen".

60. Stefan Zweig 1881-1942 Österreicher
„Sternstunden der Menschheit", „Schachnovelle"
Wurde durch seine brillanten psychologisch-analysierenden Essays, Novellen, Biographien und Romane weltbekannt.

61. James Joyce 1882-1941 Anglo-Ire
„Ulysses"
„Ulysses" gilt als Meilenstein der modernen Weltliteratur. Nach Schulbildung im Jesuitenkolleg studierte Joyce in Dublin Philosophie und Philologie. Verbrachte die letzten Lebensjahre, fast völlig erblindet, in Zürich.

62. Frank Kafka 1883-1924 Österreicher
„Der Prozeß", „Das Schloß", „Tagebücher"
Seine Werke erschienen größtenteils posthum. Kafka studierte Jura und promovierte, arbeitete in der Justiz und bei einer Versicherung. Seine Hauptthemen: die hoffnungslose Isolation des Individuums, die Abhängigkeit von anonymen Mächten und das Scheitern.

63. D. H. Lawrence 1885-1930 Engländer
„Lady Chatterly", „Der weiße Pfau", „Söhne und Liebhaber"
Setzte sich mit dem Werk von S. Freud auseinander, begriff die Sexualität als mächtigste Triebkraft im Menschen. Seine Essays weisen ihn als geistreichen, polemischen Kunst- und Kulturkritiker aus.

64. Tanja Blixen 1885-1962 Dänin
„Babettes Fest", „Afrika, dunkel lockende Welt" (verfilmt als: Jenseits von Afrika)
Ihre Erzählungen sind eindringliche Charakterstudien.

65. Thomas Eliot 1888-1965 Engländer
„Das wüste Land", „Mord im Dom"
Lyriker und Literaturkritiker, schrieb Gesellschaftsdramen mit christlich-metaphysischem Hintergrund. Er erhielt 1948 den Nobelpreis für Literatur.

66. Franz Werfel 1890-1945 Österreicher
„Die 40 Tage des Musa Dagh“, „Das Lied von Bernadette“
Setzte sich mit dem Verhältnis Judentum/Christentum auseinander. Heiratete 1929 Alma Mahler, emigrierte 1938 über Frankreich in die USA.

67. Werner Bergengruen 1892-1964 Deutscher
„Der Großtyrann und das Gericht“
Bergengruen bearbeitete meist historische Stoffe und christlich-weltanschauliche Themen. Er übersetzte bedeutende russische Literatur.

68. Jean Giono 1895-1970 Franzose
„Der Berg der Stummen“, „Vom wahren Reichtum“
scharfer Gegner der modernen Zivilisation und Mechanisierung; er beschwor die Menschen, zurückzukehren zur Einfachheit und Menschlichkeit.

69. Marcel Pagnol 1895-1974 Franzose
„Eine Kindheit in der Provence“, „Die Wasser der Hügel“; Dramatiker und Filmregisseur
Seine Werke zeichnen sich durch humorvolle und pointierte Charakter- und Milieuschilderungen aus.

70. Carl Zuckmayer 1896-1977 Deutscher
„Der Hauptmann von Köpenick“, „Katharina Knie“, „Des Teufels General“
1933 Aufführungsverbot in Deutschland; 1938 Emigration in die Schweiz; 1939-1946 Exil in den USA – Rückkehr als Zivilbeauftragter für Kulturfragen der US-Regierung.

71. F. Scott Fitzgerald 1896-1940 Amerikaner
„Der große Gatsby“, „Zärtlich ist die Nacht“
In „Gatsby“ schilderte er den Aufstieg eines Neureichen in der Ausgelassenheit und Oberflächlichkeit des Jazz-Zeitalters.

72. William Harrison Faulkner 1897-1962 Amerikaner
„Schall und Wahn“, „Licht im August“
Seine Themen: der Bürgerkrieg, das Leben auf Plantagen, Rassenprobleme. 1950 erhielt er den Literaturnobelpreis

73. Bertolt Brecht 1898-1956 Deutscher
„Hauspostille“, „Mutter Courage“, „Der Kaukasische Kreidekreis“
Studierte Literatur und Medizin, entwickelte sich aufgrund von Krieg, Nationalsozialismus und Exil (Schweiz) zum marxistischen Gesellschaftskritiker.

74. Ernest Hemingway 1898-1961 Amerikaner
„Der alte Mann und das Meer“, „Wem die Stunde schlägt“
Meister der Kurzgeschichte, realistischer Erzähler mit Nähe zum Symbolismus; erhielt 1954 den Nobelpreis für Literatur. 1960 Vertreibung aus Kuba durch Castro. Hemingway beging aufgrund von physischen Beschwerden und Depressionen Selbstmord.

75. Erich Fromm 1900-1980 Amerikaner
„Furcht vor der Freiheit“, „Haben oder Sein“, „Die Kunst zu lieben“
Amerikanischer Psychoanalytiker deutscher Herkunft. Themen: Freiheit, Vereinsamung, Probleme des menschlichen Miteinanders.

76. Antoine de Saint-Exupéry 1900-1944 Franzose
„Der kleine Prinz“, „Wind, Sand und Sterne“, „Nachtflug“
Saint-Exupéry verflocht seine persönlichen Erfahrungen beim Fliegen mit allgemeingültigen Wahrheiten und dem Sinn des Lebens. Sein Anliegen: die moderne Technik mit einem humanitären Ethos zu verbinden.

77. George Orwell 1903-1950 Engländer
„Farm der Tiere“, „1984“
Scharfer Kritiker totalitärer Tendenzen und gesellschaftlicher Mißstände.

78. Graham Greene 1904-1991 Engländer
„Orientexpress“, „Die Kraft und die Herrlichkeit“
Greene war Journalist, Geheimagent in Afrika, unternahm viele Reisen. Seine Bezugspunkte: menschliche Konflikte, Kampf zwischen Gut und Böse, Glaube und Zweifel.

79. Jean Paul Sartre 1905-1980 Franzose
„Kritik der dialektischen Vernunft“, „Die Eingeschlossenen“
Philosoph, Schriftsteller und Filmregisseur, seine Lebensgefährtin war Simone de Beauvoir. Lehnte 1964 den Nobelpreis für Literatur ab. „Neuer realistischer Humanismus“.

80. Elias Canetti 1905-1994 Bulgare
„Die Blendung“, „Die gerettete Zunge“, „Die Fackel im Ohr“
Canetti erhielt 1981 den Nobelpreis für Literatur. Seine Hauptthemen: Auflehnung gegen totalitäre Denksysteme; die Endlichkeit der menschlichen Existenz.

81. Samuel Beckett 1906-1987 Anglo-Ire
„Warten auf Godot“, „Das letzte Band“
Begründer des „Absurden Theaters“, erhielt 1969 den Literaturnobelpreis. Seine Werke sind geprägt von sinnloser Betriebsamkeit, Hoffnungslosigkeit und Sinnentleerung.

82. Edzard Schaper 1908-1984 Deutscher
„Macht und Freiheit“, „Die Legende vom vierten König“
Schauspieler, Gärtner, Matrose. Seine Werke setzen sich mit Glaube, Gewissen, Freiheit, Macht, Atheismus ... auseinander.

83. Jerome David Salinger 1909 Amerikaner
„Der Fänger im Roggen“
Wurde zur Kultfigur der jungen Generation in den 50er Jahren. Seine Themen: Identitätssuche und Generationskonflikte, Einbindung fernöstlicher Lebensweisheiten.

84. Erwin Strittmatter 1912-1994 Deutscher
„Der Laden“, „Ole Bienkopp“
Bäcker, Kellner, Chauffeur, Tierwärter, Hilfsarbeiter, später Zeitungsredakteur. 1969-1978 Vizepräsident des Schriftstellerverbandes der DDR.

85. Eugène Ionesco 1912-1994 Rumäne
„Die Nashörner“, „Der König stirbt“
Mit S. Beckett Hauptvertreter des „Absurden Theaters.

86. Heinrich Böll 1917-1985 Deutscher
„Ansichten eines Clowns“, „Die verlorene Ehre der Katharina Blum“
Böll unterstützte Kernkraftgegner, setzte sich für die sozialen Ansprüche von Schriftstellern sowie für verfolgte Kollegen ein (Solschenizyn, Kopelew); erhielt 1972 den Literaturnobelpreis.

87. José Luis Sampedro 1917 Spanier
„Das etruskische Lächeln“, „Der Fluß, der uns trägt“
Karriere als Wirtschaftswissenschaftler und stellvertretender Generaldirektor der Außenhandelsbank. „Einer der anspruchsvollsten und zugleich menschlichsten Schriftsteller und Denker im Spanien der Gegenwart“ (Jordi Nadal Hernandez).

88. Christine Brückner 1918 Deutsche
„Jauche und Levkojen“, „Wenn du geredet hättest, Desdemona“
Ihre Werke zeichnen sich durch stilistische Brillanz und empfindsame Gestaltung aus.

89. Wolfdietrich Schnurre 1920 Deutscher
„Kassiber“, „Abendländler“, „Ein Unglücksfall“
Soldat im 2. Weltkrieg; Film- und Theaterkritiker, Mitglied der „Gruppe 47“. Typisch: Zeitkritik, Satire, grotesk-schwarzer Humor.

90. José Saramago 1922 Portugiese
„Hoffnung im Alentejo“, „Die Geschichte der Belagerung von Lissabon“
Saramago stammt aus einer Landarbeiterfamilie; Gymnasium, Maschinenschlosser, techn. Zeichner, Angestellter, später Journalist. Erhielt 1998 den Nobelpreis für Literatur.

91. Barbara Noack 1924 Deutsche
„Der Bastian“, „Der Zwillingsbruder“
Studien an Universität, Kunstakademie, Modeschule; Autorin heiterer Geschichten und Romane ohne Oberflächlichkeit.

92. Siegfried Lenz 1926 Deutscher
„So zärtlich war Suleyken“, „Die Klangprobe“, „Der Verlust“, „Deutschstunde“
Lenz erhielt 1988 den Friedenspreis des Deutschen Buchhandels.

93. Günter Grass 1927 Deutscher
„Die Blechtrommel", „Der Butt"
Soldat im 2. Weltkrieg, amerikanische Gefangenschaft; politisches Engagement als Wahlkämpfer für Willy Brandt.

94. Gabriel García Márquez 1928 Kolumbianer
„Hundert Jahre Einsamkeit", „Die Liebe in den Zeiten der Cholera"
Studierte Jura, wurde dann Journalist; erhielt 1982 den Nobelpreis für Literatur.

95. Janosch 1931 Deutscher
„Gastmahl auf Gomera", „Von dem Glück, Hrdlak gekannt zu haben"
Lernte das Schmiedehandwerk, lebte in den 50er Jahren in Paris und München. Erhielt 1992 den Andreas-Gryphius-Preis.

96. Neil Postman 1931 Amerikaner
„Das Verschwinden der Kindheit", „Wir amüsieren uns zu Tode"
Professor für Media Ecology an der New York University. Zahlreiche Veröffentlichungen zu Fragen der Erziehung. 1975 erhielt er den „Earl Kelly Award" für seine Arbeiten über Semantik.

97. John Updike 1932 Amerikaner
„Das Fest am Abend", „Bessere Verhältnisse"
Gesellschaftskritische Beobachtungen im Alltag.

98. Peter Härtling 1933 Deutscher
„Schubert", „Hölderlin", „Eine Frau"
Bedeutender zeitgenössischer deutscher Autor.

99. Umberto Eco 1932 Italiener
„Der Name der Rose", „Das Foucaultsche Pendel"
Professor für Semiotik.

100. Isabel Allende 1942 Chilenin
„Das Geisterhaus", „Eva Luna", „Der unendliche Plan"
Nichte des ehemaligen chilenischen Präsidenten Allende.

11 Die 20 größten Genies aller Zeiten

Genialität wird oft für eine seltene Gabe gehalten – für etwas Undefinierbares, Mystisches und Einzigartiges.

In Wirklichkeit ist Genialität etwas ganz anderes. Sie beinhaltet eine ganze Bandbreite geistiger Fähigkeiten, die man messen und vor allem pflegen und steigern kann (genau wie Sie Ihre mentalen Fähigkeiten mit Hilfe dieses Buchs steigern können).

Die grundlegenden Charaktereigenschaften, die ein Genie besitzen muß, sind: visionäres Denken; Wunschdenken; Zuversicht; Hingabe; planerisches Denken; Durchhaltevermögen; die Fähigkeit, aus Fehlern zu lernen; Fachwissen; geistige Alphabetisiertheit; eine positive Grundhaltung; die Fähigkeit zur Autosuggestion; Intuition; eine reale Master Mind Gruppe (die engsten Freunde und Berater); eine innere Master Mind Gruppe (Helden, Heldinnen, Vorbilder); Aufrichtigkeit/Ehrlichkeit; die Fähigkeit, sich mit Ängsten auseinanderzusetzen; Mut; Kreativität/Flexibilität; Liebe zur Aufgabe; sowohl körperliche als auch geistige Energie. Es ist an dieser Stelle sehr nützlich, wenn Sie einmal Ihre eigenen Fähigkeiten in diesem Bereich prüfen. Ihre bereits vorhandenen Stärken können Sie noch weiter steigern; Ihre Schwächen können Sie mit Hilfe Ihrer Stärken abbauen. Bewerten Sie sich mit 0 bis 100 Punkten (0 = nicht vorhanden, 100 = perfekt). Versuchen Sie, so ehrlich wie möglich zu sein, und testen Sie sich alle paar Monate.

Bei den Persönlichkeiten, die später als die großen Genies unserer Geschichte bezeichnet wurden, waren praktisch alle diese Bereich optimal entwickelt. Wie können Sie dann zwischen diesen Eigenschaften differenzieren? Wie sollen Sie die genialen Eigenschaften eines Genies bewerten?

Auch hier gibt es meßbare Kategorien: aktiv dominantes Verhalten; ein langes, aktives Leben; Vielseitigkeit (Talent und Wissen in vielen Disziplinen, genauso, wie Sie es mit *Power Brain* entwickeln) und geistige Beweglichkeit; Stärke und Energie; ein hoher Intelligenzquotient; dauerhafter Einfluß auf die Entwicklung der Menschheit; hohe Produktivität und Erreichen des obersten Zieles. Hinzu kommen noch konkrete Visionen, bahnbrechende Originalität und ein starker Wunsch, das neue Wissen durch Lehre und Forschung weiterzugeben. Auf diese Art ist eine Einstufung möglich. Tony Buzan, der Großmeister Raymond Keene, OBE (Beamter im englischen Königreich) sowie ein Komitee international führender Persönlichkeiten des Erziehungswesens, der Wissenschaft, der Kunst, des Sports und des Gehirnsports legten nach jahrelanger intensiver Diskussion folgende Rangfolge fest. Vielleicht sollten Sie Ihre eigene Liste noch einmal durchgehen, bevor Sie sich diese einprägen – prüfen Sie, in welchen Bereichen Sie mit den Urhebern übereinstimmen! (Weitere Informationen zu diesem Thema finden Sie im *Buzan's Book of Genius*.)

Die 20 größten Genies

		Geboren	Gestorben	Nationalität	Gebiet
1	**Leonardo da Vinci**	1452	1519	Italiener	Maler/Erfinder
2	**William Shakespeare**	1564	1616	Engländer	Dichter
3	**Die großen Bauherren der Pyramiden**	ca. 2550 v.Chr.		Ägypter	Architekten
4	**Johann Wolfgang von Goethe**	1749	1832	Deutscher	Dichter
5	**Michelangelo**	1475	1564	Italiener	Maler
6	**Sir Isaac Newton**	1642	1727	Engländer	Erfinder
7	**Thomas Jefferson**	1743	1826	Amerikaner	Politiker
8	**Alexander der Große**	356 v. Chr.	323 v. Chr.	Mazedonier	Feldherr
9	**Phidias**	500 v. Chr.	432 v. Chr.	Grieche	Bildhauer
10	**Albert Einstein**	1879	1955	Deutscher	Wissenschaftler
11	**Thomas Alva Edison**	1847	1931	Amerikaner	Erfinder
12	**Homer**	8. Jahrh. v. Chr.		Grieche	Dichter
13	**Plato**	428 v. Chr.	348 v. Chr.	Grieche	Philosoph
14	**Euklid**	ca. 300 v. Chr.		Grieche	Lehrer
15	**Elizabeth I.**	1533	1603	Engländerin	Königin
16	**Archimedes**	287 v. Chr.	212 v. Chr.	Grieche	Wissenschaftler
17	**Aristoteles**	384 v. Chr.	322 v. Chr.	Grieche	Philosoph
18	**Filippo Brunelleschi**	1377	1446	Italiener	Maler und Baumeister
19	**Andrew Carnegie**	1835	1918	Schotte	Industrieller
20	**Erster Kaiser von China**	259 v. Chr.	210 v. Chr.	Chinese	Herrscher

12 Shakespeare: Alle Stücke

Viele Menschen halten die Theaterstücke von William Shakespeare für die umfassendsten und vollendetsten literarischen Werke der englischen Sprache, vielleicht sogar aller Sprachen. Aus diesen Stücken stammen eine Vielzahl von Zitaten und Gedanken, die auch heute noch verwendet werden; die Namen vieler seiner Figuren sind zu einem Hauptbestandteil unseres kulturellen Erbes geworden.

Wenn Sie die Haupthandlung und die wichtigsten Figuren kennen, werden Sie viele andere literarische Werke leichter verstehen, in Gesprächen schneller begreifen, worum es geht, und sich immer wieder auf Ihr sicheres Wissen über die Shakespeareschen Stücke und Figuren berufen können. Außerdem werden Sie sehr schnell das Rätsel „Wer mit wem in welchem Stück und warum“ lösen, das so vielen Menschen unlösbar erscheint. Anstatt sich daraufhin immer weiter von Shakespeare zu lösen, weil er einfach „zu verwirrend“ ist, werden Sie zu einem literarischen Sherlock Holmes, der jede heiße Spur einer Information folgt.

Eine hervorragende Methode, das SEM^3 in Verbindung mit Shakespeare zu nutzen, besteht darin, einen kompletten Teil des SEM^3 speziell für Shakespeare zu reservieren und sich die Haupthandlung und die Figuren der einzelnen Stükke einzuprägen, dic Sie im Theater sehen oder von denen Sie im Radio hören. Wir haben die Dramen so aufbereitet, daß Sie sich ein wichtiges Zitat, die wichtigsten Figuren und die Handlung jedes einzelnen Stückes einprägen können. Auf diese Weise bekommt das, was Sie sich einprägen wollen, sofort eine Bedeutung, sobald Sie sich ein Stück ansehen oder anhören. Sie werden das Stück sehr viel besser verstehen, was wiederum dazu führt, daß sich das Stück selbst besser einprägt. Gleichzeitig werden Sie feststellen, daß Ihr Interesse an Shakespeare zunimmt, wenn Sie sich seine Dramen mit Hilfe des SEM^3 einprägen, und daß Sie Lust bekommen, diesen Dichter genauer zu erforschen und so Ihr soziales und kulturelles Leben zu fördern.

Dies ist eine Liste seiner Dramen in der Reihenfolge, wie er sie geschrieben hat:

1589-92	1.	Heinrich VI., 2. Heinrich VI.,
	3.	Heinrich VI.
1592-93	4.	Richard III., 5. Die Komödie der Irrungen
1593-94	6.	Titus Andronicus, 7. Der Widerspenstigen Zähmung
1594-95	8.	Die beiden Veroneser,
	9.	Liebes Leid und Lust, 10. Romeo und Julia
1595-96	11.	Richard II.,
	12.	Ein Mittsommernachtstraum
1596-97	13.	König Johann, 14. Der Kaufmann von Venedig
1597-98	15.	Heinrich IV., 16. Heinrich IV.
1598-99	17.	Viel Lärmen um nichts, 18. Heinrich V.
1599-1600	19.	Julius Caesar, 20. Wie es euch gefällt
1600-01	21.	Hamlet, 22. Die lustigen Weiber von Windsor
1601-02	23.	Was Ihr wollt, 24. Troilus und Cressida
1602-03	25.	Ende gut, alles gut
1604-05	26.	Maß für Maß, 27. Othello
1605-06	28.	King Lear, 29. Macbeth
1606-07	30.	Antonius und Kleopatra
1607-08	31.	Coriolan, 32. Timon von Athen
1608-09	33.	Perikles
1609-10	34.	Cymbeline
1610-11	35.	Ein Wintermärchen
1611-12	36.	Der Sturm
1612-13	37.	Heinrich VII.[1]

Die Stücke wurden in eine neue Reihenfolge gebracht, damit man sie besser verstehen und sie sich besser einprägen kann: Die griechischen Dramen, die römischen Dramen, die englischen historischen Dramen, die Tragödien, die Komödien, die moralischen Dramen und die letzten Dramen.

[1] Der Sturm wird weitgehend als Shakespeares letztes Stück angesehen. Obwohl Heinrich VII. später fertiggestellt wurde, wird es für eine gemeinsame Arbeit mit Fletcher und Beaumont gehalten, ist also kein Werk, das er alleine verfaßt hat.

Die griechischen Dramen

Im Gegensatz zu den römischen Dramen passen Shakespeares griechische Dramen in keinen historischen Rahmen. Es handelt sich eigentlich um isolierte Geschichten, die der Welt der klassischen griechischen Sagen entnommen sind. Hier ist insbesondere das Drama *Troilus und Cressida* zu nennen, in dem Shakespeare eine der berühmtesten Legenden aller Zeiten verarbeitet: Homers Belagerung Trojas.

1 Perikles, Fürst von Tyrus

Zitat: „Wie hüllt sich die Sünde gern in Höflichkeit!"

Personen

1. Perikles, Fürst von Tyrus
2. Kerimon, Arzt aus Ephesus
3. Marina, Tochter des Perikles und der Thaisa

Dieses Drama basiert auf der altertümlichen Sage von Apollonius von Tyrus, einer griechischen Abenteuergeschichte. Fürst Perikles verliert seine Tochter und macht sich auf eine lange Reise, um sie wiederzugewinnen. Er muß eine ganze Reihe von Abenteuern bestehen, unter anderem erleidet er zweimal Schiffbruch. Schließlich findet er sie mit der Hilfe Kerimons, Arzt aus Ephesus. Man kann das Stück auch folgendermaßen zusammenfassen: Ein Vater hat eine Tochter; der Vater verliert die Tochter; der Vater sucht nach der Tochter; der Vater gewinnt die Tochter zurück.

2 Timon von Athen

Zitat: „Wir sind dazu geboren, wohltätig zu sein."

Personen

1. Timon von Athen

Timon von Athen ist eine bissige Satire auf die Undankbarkeit und Treulosigkeit der Menschen. Das Stück präsentiert Timon zunächst als reichen Mann, als großzügigen Gastgeber, der sich seinen Freunden gegenüber stets freigiebig zeigt. Plötzlich fordern Gläubiger von ihm die Rückzahlung ihrer Kredite, und er ist ruiniert.

Timon betrachtet dies als gute Gelegenheit für seine Freunde, ihm ihre Freundschaft zu beweisen und seinen Glauben an das Gute im Menschen zu rechtfertigen. Doch kein einziger seiner Freunde eilt ihm zu Hilfe. Timons Glaube an die Natur des Menschen wird schändlich getäuscht. Er wird ein desillusionierter und menschenscheuer Einsiedler, der schließlich in einer Gruft am Meer stirbt.

3 Troilus und Cressida

Zitat: „Ein Weib, das unverschämt und männlich ward, ist nicht so widrig wie ein weibischer Mann."

Personen

1. Hektor
2. Troilus
3. Pandarus, Oheim der Cressida
4. Agamemnon, griechischer Anführer
5. Achilles
6. Ulysses, griechischer Heerführer
7. Thersites, ein mißgestalteter und skurriler Grieche
8. Cressida, Tochter des Kalchas
9. Kalchas, Vater der Cressida und trojanischer Priester
10. Paris

Troilus und Cressida ist Shakespeares Theaterinterpretation von Homers Epos Ilias. Es erzählt von der Belagerung Trojas und der Weigerung des großen Helden Achilles, an der Belagerung teilzunehmen, weil der griechische Anführer Agamemnon ihn beleidigt hat. Das Stück schildert interne Machtkämpfe, daß Achilles schließlich doch noch mit in den Krieg zieht und sich an Hektor, dem trojanischen Helden, rächt. Vor dem Hintergrund des zehnjährigen Krieges spielt die Geschichte von Troilus und seiner treulosen Geliebten Cressida. Das Stück endet mit dem Fall Trojas.

Die römischen Dramen

Shakespeares römische Dramen schildern die gesamte Entwicklung des Römischen Reiches. In *Coriolanus* wird ein epischer Moment aus der Römischen Republik geschildert; *Julius Caesar* und *Antonius und Kleopatra* schildern die Geburtsstunden des Römischen Reiches; *Titus Andronicus* hingegen spielt in der Zeit, als das Römische Reich schon wieder zerfällt, und zeigt, wie unter dem Druck der Barbaren das Reich seine Traditionen und seine Ziele verliert und Moral und politische Strukturen zugrunde gehen.

1 Coriolan

Zitat: „Ehre und List als treue Freunde können im Krieg zusammen gehn."

Personen

1. Cajus Marcius, nachmalig Cajus Marcius Coriolanus
2. Tullus Aufidius, Anführer der Volsker
3. Volumnia, Mutter des Coriolanus
4. Virgilia, Gemahlin des Coriolanus

Bei diesem Drama handelt es sich um eine Legende aus den frühen Tagen der Gründung des großen Römischen Reiches. Der General Coriolanus schlägt den größten Feind der Römer, die Volsker. Siegreich kehrt er nach Rom zurück. Sowohl das Volk als auch er selbst erwarten, daß er nun zum politischen und militärischen Anführer erklärt wird. Seine Arroganz führt jedoch dazu, daß sich sowohl das Volk als auch die Senatoren gegen ihn wenden. Aus Rache schließt er sich den Volskern als ihr Führer an und legt das Gelübde ab, Rom zu vernichten. Im letzten Moment können ihn Volumnia und Virgilia, die Mutter und die Gemahlin des Coriolanus, überreden, Rom doch nicht anzugreifen. Die Volsker, die ihn für einen Verräter halten, ermorden ihn daraufhin.

2 Julius Cäsar

Zitat: „Mitbürger, Freunde, Römer, hört mich an!"

Personen

1. Julius Cäsar, später als Geist
2. Octavius
3. Marcus Antonius
4. Marcus Brutus
5. Cassius
6. Ein Wahrsager

Julius Cäsar beschreibt die Erhabenheit und spätere Ermordung des römischen Diktators Cäsar und dient als Ausgangspunkt für die Analyse der Gründung des Römischen Reiches. Das Stück erzählt, wie Cassius und andere Verschwörer die Ermordung Julius Cäsars planen und Brutus zu ihrem Anführer machen wollen. In den Iden des März ermorden sie Cäsar durch einen Messerstich, so, wie es der Wahrsager vorausgesehen hatte. Man erlaubt Antonius, bei Cäsars Beerdigung eine Rede zu halten. In seiner berühmten Rede gelingt es ihm, die Massen über das, was geschehen ist, in Aufruhr zu versetzen. Die Verschwörer Cassius und Brutus stellen Armeen auf, werden im Kampf geschlagen und verüben schließlich Selbstmord.

3 Antonius und Kleopatra

Zitat: „Ihr Götter leiht uns Fehler, daß wir Menschen seien."

Personen

1. Marcus Antonius
2. Octavius, Cäsar
3. Domitius Enobarus
4. Kleopatra, Königin von Ägypten
5. M. Ämilius Lepidus
6. Octavia, Schwester des Cäsar und Gemahlin des Antonius

Antonius und Kleopatra ist eine Fortsetzung des Stückes *Julius Cäsar*. Es erzählt, wie Cäsars Heerführer, Marcus Antonius, nach Ägypten reist, um den östlichen Teil der römischen Ländereien zu übernehmen. Dort verliebt er sich in Kleopatra, muß jedoch nach Hause zurückkehren. Dort willigt er in die Heirat mit Octavia, Cäsars Schwester, ein, kehrt jedoch zu Kleopatra nach Ägypten zurück. Antonius versucht, von Ägypten aus das gesamte Römische Reich zu übernehmen. Octavius, der Neffe Julius Cäsars, fordert ihn jedoch heraus, schlägt ihn und wird zum Herrscher Augustus ernannt. Nach seiner Niederlage und als er eine falsche Nachricht von Kleopatras Tod bekommt, begeht Antonius Selbstmord. Kleopatra reagiert auf die Nachricht von seinem Tod ebenfalls mit Selbstmord, und das „unsterbliche" Paar wird gemeinsam beerdigt.

4 Titus Andronicus

Zitat: „Sie ist ein Weib, drum darf man um sie werben. Sie ist ein Weib, drum kann man sie gewinnen."

Personen

1. Saturninus, Sohn des letzten römischen Kaisers, später selbst Kaiser
2. Titus Andronicus, edler Römer, Heerführer wider die Goten
3. Tamora, Königin der Goten
4. Lavinia, Tochter des Titus Andronicus

Das Stück ist akademisch, ehrgeizig und meisterhaft durchdacht, mit einer Vielzahl schrecklicher Begebenheiten und Höhepunkte. Es beginnt im späten vierten Jahrhundert nach Christus, während des allmählichen Verfalls des Römischen Reiches zu Zeiten der Belagerung durch die Goten. Der große römische General Titus tötet den Gotenkönig und setzt den Krieg gegen dessen Söhne fort, wird jedoch nach und nach durch rivalisierende Splittergruppen vom Hof verdrängt. Das Stück zeigt, wie er furchtbare Rache schwört und unter anderem damit droht, die Söhne seiner Feinde in Teig einzubacken! Nach gelungener Rache begeht Titus Selbstmord.

Die historischen Dramen

Shakespeares Historienstücke schildern nicht nur einige herausragende historische Figuren, wie z.B. Sir John Falstaff und Prinz Hal, sondern auch eine wichtige Periode der Geschichte Englands. Die Stücke beginnen mit der Entthronung König Richard II., schildern die Invasion Heinrich V. in Frankreich während der Rosenkriege und finden ihren Höhepunkt in der Gründung der Dynastie Tudor. Königin

Elisabeth I., eine von Shakespeares Hauptpersonen, war eine der größten Herrscherinnen des Tudorgeschlechts. Die Stücke schildern weiterhin; wie sich England im Aufruhr befindet, streifen den kurzen militärischen Ruhm Heinrich V., beschreiben, wie das Land während der Rosenkriege in Chaos verfällt und sich dann doch wieder ordnet und triumphierend wieder aufersteht, als der Tudorkönig Heinrich VII. den Thron besteigt. Eine historische Periode von über 100 Jahren, von 1385 bis 1485, wird in diesen Dramen geschildert. Die einzige Ausnahme in dieser Reihe historischer Werke bildet das Drama König Johann, das aus der Reihe fällt und nur selten aufgeführt wird.

1 Leben und Sterben des König Johann

Zitat: „Wenn das Glück den Menschen wohltun will, so blickt es sie mit drohenden Augen an."

Personen

1. König Johann
2. Prinz Heinrich, sein Sohn
3. Arthur, Herzog von Bretagne, Neffe des Königs
4. Hubert de Burgh
5. Philipp der Bastard, sein Halbbruder, nannte sich später Richard Faulconbridge Plantagenet
6. Kardinal Pandulpho, Legat des Papstes

Dieses Stück erforscht die Motive und das Verhalten von Menschen, die um Macht kämpfen. Die Ereignisse konzentrieren sich um das Schicksal von Arthur, und die Verkürzung des zeitlichen Ablaufs in dem Stück bewirkt eine dramatische Verstärkung der Spannung in diesem Konflikt. Johanns korrumpierende Gier nach Macht steht dem unbarmherzigen Fanatismus des Pandulpho gegenüber.

Inzwischen wandeln sich Zynismus und Gleichgültigkeit der Halbbrüder Hubert und Philipp in Selbstbeherrschung und Rechtschaffenheit.

Zu Beginn des Stückes wird Johann als fehlbarer, unsicherer Monarch mit allerlei Schwächen geschildert, der zunächst erfolgreich ist und schließlich seinen erhabensten Moment im Sinne seiner protestantischen Tradition hat, als er Pandulpho stellt. Allerdings unterliegt er immer mehr der korrumpierenden Macht politischer Notwendigkeiten, so daß das Stück mit seinem Untergang endet.

2 Die Tragödie von König Richard II.

Zitat: „Und sollt ich dich als Amme lehren lallen, ‚Verzeihung‘ wär das erste Wort von allen.“

Personen

1. König Richard der Zweite
2. Johann von Gent, Herzog von Lancaster
3. Heinrich mit dem Zunamen Bolingbroke, Herzog von Hereford, Sohn des Johann von Gent, nachmaliger König Heinrich IV
4. Graf von Northumberland
5. Sir Pierce von Exton

Richard II. ist ein schwacher König, dem es nicht gelungen ist, die militärische Herrschaft über Englands langjährigen Feind Frankreich zu bewahren. Unter anderem war Richard so unklug, verschiedene illegale Steuern zu erheben und das Eigentum von Johann von Gent (Bolingbrokes Vater) nach dessen Tod zu beschlagnahmen. Als Folge davon stürzt Bolingbroke Richard, der nach Pontefract geschickt wird, wo er von Exton ermordet wird. Extron präsentiert den Leichnam Bolingbroke. Dieser verspürt daraufhin starke Gewissensbisse und begibt sich auf einen Kreuzzug, um für Richards Tod zu büßen. Schließlich wird Bolingbroke König Heinrich IV.

3 König Heinrich IV. – erster Teil

Zitat: „Ehre ist nichts als ein gemalter Schild beim Leichenzuge."

Personen

1. König Heinrich IV.
2. Heinrich, Prinz von Wales
3. Heinrich Percy, Graf von Northumberland
4. Heinrich Percy mit dem Beinamen Heißsporn, sein Sohn
5. Sir John Falstaff
6. Frau Hurtig, Wirtin einer Schenke zu Eastcheap
7. Thomas Percy, Graf von Worcester

Heinrich Bolingbroke, inzwischen König, hat Probleme mit seinem Sohn Heinrich, dem Prinzen von Wales (Hal), der zuviel Zeit in der Schenke verbringt, wo er zusammen mit einem Mann von „niederem" Stand, Falstaff, trinkt und in kleine Gaunereien verwickelt wird. Heinrich hat außerdem Probleme mit dem Grafen von Worcester, dem Grafen von Northumberland und seinem Sohn Heißsporn, die einen Aufstand planen, der schließlich zur Schlacht von Shrewsbury führt.

In dieser Schlacht tötet Prinz Hal Heißsporn, die Handlung wird dadurch verkompliziert, daß Falstaff behauptet, er hätte Heißsporn getötet. Das Stück endet damit, daß König Heinrich sich auf die nächste Schlacht gegen weitere Verschwörer vorbereitet.

4 König Heinrich IV. – zweiter Teil

Zitat: „Ein guter Kopf weiß alles zu benutzen."

Personen

1. König Heinrich IV.
2. Heinrich, Prinz von Wales, nachmaliger König Heinrich V.
3. Oberster Richter am königlichen Gericht
4. Sir John Falstaff
5. Schaal } Friedensrichter
6. Stille } Friedensrichter
7. Prinz Johann von Lancaster
8. Graf von Northumberland
9. Scroop, Erzbischof von York

Die Aufstände dauern an, diesmal werden sie vom Erzbischof von York und vom Grafen von Northumberland angeführt. Der Erzbischof wird von Prinz Johann von Lancaster geschlagen und der Graf von Northumberland vom Sheriff von Yorkshire.

Nachdem alle größeren Aufstände niedergeschlagen sind, stirbt Heinrich. Kurz vor seinem Tode söhnt er sich mit seinem Sohn, Hal, aus. Aus dem aufrührerischen jungen Prinzen ist ein gerechter und weiser Herrscher geworden. Sein alter Freund Falstaff, inzwischen zum Ritter geschlagen, gerät noch immer hin und wieder auf die schiefe Bahn und ist deshalb kein angemessener Umgang für den König mehr. Dieser schickt Falstaff ins Gefägnis, verspricht ihm jedoch eine kleine Rente.

5 Das Leben König Heinrich V.

Zitat: „Selbstliebe, Herr, ist nicht so schnöde Sünde als Selbstversäumnis.“

Personen

1. König Heinrich V.
2. Pistol
3. Louis, der Dauphin
4. Katharina, Tochter Karls und Isabellens
5. Herzog von Bedford, Bruder des Königs
6. Graf von Salisbury
7. Erzbishof von Canterbury

Der Erzbischof von Canterbury läßt den König wissen, daß seine Abstammung von Isabella, der französischen Königin Eduard des Zweiten, ihm das Recht auf den französischen Thron verleiht und daß die Kirche ihn unterstützen würde, sollte er gegen Frankreich in den Krieg ziehen. Heinrich erkennt, daß dieses auch dazu dienen würde, die Unruhe, die unter seinen eigenen Baronen herrscht, zu beschwichtigen, die zum Teil dadurch verursacht wurde, daß Heinrichs eigene Familie widerrechtlich die Macht an sich gerissen hatte.

Der Dauphin macht sich über Heinrichs Ansprüche auf bestimmte französische Grafschaften lustig, indem er ihm eine Kiste mit Tennisbällen schickt. Also erklärt Heinrich Frankreich den Krieg. Die Engländer erobern Harfleur, doch die Armee ist durch Krankheit geschwächt, und die Franzosen sind überlegen. Heinrich ermutigt seine Soldaten, und trotz aller Widrigkeiten werden die Franzosen schließlich geschlagen; Heinrich besteigt den französischen Thron. Heinrich verkörpert nun den neuen Typ des militärischen Monarchen; nach der Niederlage Frankreichs vereinigt er die beiden Königshäuser, indem er Katharina, die Tochter des französischen Königs, heiratet.

6 König Heinrich VI. – erster Teil

Zitat: „Sorge wehrt nicht, sie versehrt und zehrt."

Personen

1. König Heinrich der Sechste
2. Herzog von Gloucester, Oheim des Königs und Lord Protector
3. Heinrich Beaufort, Bischof von Winchester, Großoheim des Königs, nachmaliger Kardinal
4. Herzog von Bedford, Oheim des Königs und Regent Frankreichs
5. Richard Plantagenet, Sohn von Richard, dem letzten Grafen von Cambridge, später Herzog von York
6. Graf von Salisbury
7. Lord Talbot, nachmals Graf von Shrewsbury
8. Karl, Dauphin, nachmaliger König von Frankreich
9. Herzog von Burgund
10. Margareta, Reigniers Tochter, später Gemahlin von König Heinrich
11. Jeanne la Pucelle, üblicherweise Jeanne d'Arc genannt.

Heinrich V. starb früh. Formal hat jetzt sein Sohn, der noch im Kindesalter ist, den Thron inne. Rivalisierende Gruppen von Baronen streben jedoch nach der Herrschaft, und das Königreich gerät ins Wanken. Das Stück handelt von den verschiedenen Konflikten zwischen Engländern und Franzosen. Auf seiten der Franzosen setzt Jeanne d'Arc ihre Überzeugungskräfte ein, um den Herzog von Burgund dazu zu bringen, zu den Franzosen überzulaufen.

Das Stück endet mit der Ergreifung der Margareta von Anjou und Heinrichs Verlobung mit ihr sowie mit der Gefangennahme der Jeanne durch den Herzog von York, ihrem Gerichtsverfahren und ihrer Hinrichtung.

7 König Heinrich VI. – zweiter Teil

Zitat: „Es gibt kein besser Zeichen von einem wackern Gemüt als eine harte Hand.“

Personen

1. König Heinrich VI.
2. Humphrey, Herzog von Gloucester, sein Oheim
3. Kardinal Beaufort, Bischof von Winchester
4. Hans Cade, ein Rebell

Der junge Heinrich ist nun rechtmäßiger König, doch die Barone streiten sich darum, wer von ihnen die Oberhand hat. Anstatt den Erzfeind Frankreich zu besiegen, bekämpfen sie sich gegenseitig. Das Stück zeigt, wie ein Land seine Vision und soziale Ordnung verliert. In diesem Stück stellen sich seine Gemahlin, die Adeligen und das Volk gegen Heinrich; die Rechtsstaatlichkeit zerfällt; Gerechtigkeit hängt von der Launenhaftigkeit und dem Ehrgeiz einzelner ab; sowohl innerhalb der Familien als auch im ganzen Land wird Gutmütigkeit verhöhnt, und christliche Tugenden scheinen angesichts dieses Ausmaßes an Eigennutz und Gewalt machtlos zu sein.

König Heinrich und der Herzog von Gloucester, Beschützer des Königreichs, verkörpern die Bedingungen, die für eine korrekte Herrschaft notwendig wären. Das Stück handelt von den Reaktionen auf die positiven Tugenden dieser beiden Männer. Die Krone beginnt zu wanken.

8 König Heinrich VI. – dritter Teil

Zitat: „Manchen, welcher an der Schwelle stolpert, verwarnt dies, drinnen laure die Gefahr.“

Personen

1. König Heinrich VI.
2. Richard Plantagenet, Herzog von York
3. Eduard, Graf von March, nachmals König Eduard IV.
4. Georg, nachmals Herzog von Clarence
5. Richard, nachmals Herzog von Gloucester
6. Graf von Warwick
7. Königin Margareta

Das Stück spielt in den 20 Jahren zwischen 1455 und 1475, der Zeit der Rosenkriege. Das Stück konzentriert sich auf den Herzog von York und seine Söhne Eduard, Georg und Richard, die planen, den Thron von Heinrich VI. aus dem Hause Lancaster zu übernehmen. England, das noch immer durch internen Zwist und moralischen Verfall zerrissen ist, wird zusehends schwächer; Frankreich ist verloren, der Herzog von York fällt in einer Schlacht, dennoch triumphiert das Haus der Yorks am Ende. Heinrich VI. wird ermordet, und der Sohn der Herzogs von York, Eduard, wird König.

9 Die Tragödie von König Richard III.

Zitat: „Ein Königreich für ein Pferd!."

Personen

1. König Eduard IV.
2. Richard, Herzog von Gloucester, nachmals König Richard III.
3. Heinrich, Graf von Richmond, nachmals König Heinrich VII.
4. Herzog von Buckingham, später als Geist

Jetzt, da Eduard IV. König ist, schmiedet Richard, der Herzog von Gloucester, der jüngste Sohn des Herzogs von York, einen Komplott, um den Thron zu erobern. Sein Problem besteht darin, daß er in der Thronfolge erst an fünfter Stelle steht.

Das Stück erzählt von seinen skrupellosen Taten, denn er ermordet jeden in Frage kommenden Nebenbuhler, unter anderem auch – in einer sehr berühmten Szene – die beiden jungen Prinzen. Schließlich wird er tatsächlich König und plant, Eduards Tochter Elizabeth zu heiraten.

Am Ende des Stückes, als er endlich König ist, holen ihn seine bösen Taten ein. Die Geister aller seiner Opfer erscheinen und prophezeihen ihm den Tod. In der Schlacht von Bosworth wird er von Heinrich, dem Grafen von Richmond, vernichtet. Heinrich wird König Heinrich VII. und vereinigt die Häuser von York und Lancaster, die Lager der ehemals zerstrittenen Barone. Es herrscht Frieden.

10 Die berühmte Geschichte über das Leben von König Heinrich VIII.

Zitat: „Die Kappe macht den Mönch nicht aus.“

Personen

1. König Heinrich VIII.
2. Kardinal Wolsey
3. Herzog von Buckingham
4. Königin Katharina, Gemahlin des Königs Heinrich, später geschieden
5. Anna Bullen, ihre Hofdame, nachmals Königin

Dies ist Shakespeares einziges Stück mit dem Titel „Berühmte Geschichte“, und er bemüht sich hier ungewöhnlich stark um historische Genauigkeit. Das Stück entwickelt sich wellenförmig mit großen Ereignissen, die sich um den König ranken. Das Auf und Ab und Kommen und Gehen der Hauptfiguren wird hier ausführlich geschildert.

Der Herzog von Buckingham wird, nachdem er beschlossen hat, den tyrannischen Wolsey herauszufordern, verhaftet, bevor er angreifen oder sich verteidigen kann. Königin Katharina beweist ihren Mut, indem sie bei Kardinal Wolsey ein gutes Wort für ihn einlegt; Buckingham wird hingerichtet. Inzwischen schickt sich der König an, Anna Bullen zur Königin zu machen, nachdem Katharina in Ungnade gefallen ist und es zu einem Scheidungsverfahren kommt. Schließlich wird Kardinal Wolsey doch noch wegen seiner maßlosen Gewinnsucht verurteilt und entmachtet. Um hierzu ein Gegengewicht zu schaffen, wird Anna gekrönt; Prinzessin Elisabeth, die spätere Königin Elisabeth, wird geboren. *Heinrich VIII.* endet in einem triumphalen Bild, es soll sicherlich der Huldigung des Herrschers dienen.

Das Stück soll vor allem der Dynastie Tudor und Königin Elisabeth huldigen, die regierte, als Shakespeare dieses Stück schrieb.

Die Tragödien

In seinen Tragödien übernimmt Shakespeare die klassisch-griechische Definition der Tragödie, wie Aristoteles sie in seinen *Poetics* entwickelte – alle zeigen einen großen Mann, der durch die unabwendbaren Folgen eines fatalen Makels ein tragisches Ende findet. Dieser Makel könnte unter Umständen als Stärke angesehen werden, doch im Verlauf des Stückes erweist er sich immer als „Achillesferse". So ist zum Beispiel Macbeths Ehrgeiz eine große Antriebskraft seiner Karriere, doch weil er es damit übertreibt, führt dieser Ehrgeiz schließlich zu seinem Untergang. Bei Lear ist dieser Makel sein Stolz; bei Othello ist es Eifersucht (obwohl es Othellos Besessenheit zunächst überhaupt zu verdanken ist, daß er eine so hervorragende Frau wie Desdemona findet); bei Hamlet ist es seine Unentschlossenheit. Bei jeder Diskussion beide Seiten zu betrachten und die eigenen Motive in Frage zu stellen kann zwar eine Stärke sein, doch Hamlet übertreibt es damit.

1 Macbeth

Zitat: „Groß möchtst du sein. Bist ohne Ehrgeiz nicht, doch fehlt die Bosheit, die ihn begleiten muß."

Personen

1. Macbeth
2. Banquo } Anführer des königlichen Heeres
3. Macduff }
4. Lady Macbeth
5. Drei Hexen
6. Duncan, König von Schottland
7. Fleance, Sohn des Banquo

So, wie sich in *King Lear* alles um den Stolz dreht, geht es in *Macbeth* um Ehrgeiz. Das Stück erzählt den Aufstieg des schottischen Edelmanns Macbeth im 11. Jahrhundert nach Christus, der sich durch eine Reihe von Bluttaten von einem schottischen Anführer zum König hochgearbeitet hat. Angetrieben von seiner Frau und seinen mystischen Kräften begeht er einen Mord nach dem anderen, unterliegt dann jedoch der Macht der Rechtschaffenheit.

Drei Hexen prophezeihen Macbeth, daß er König wird und daß Banquo Vater einer Reihe von Königen sein wird. Lady Macbeth drängt ihren Mann dazu, den König zu ermorden. Macbeth wird gekrönt. Er engagiert, damit sich die Prophezeihung der Hexen nicht erfüllt, einen Mörder, der Banquo und seinen Sohn Fleance töten soll, doch Fleance entkommt. Macbeth sieht den Geist des Banquo und sucht daraufhin die Hexen auf, die ihm raten, sich vor Macduff zu hüten. Außerdem wiederholen sie noch einmal, daß Banquos Nachfahren den Thron besteigen werden.

Macbeth läßt Macduffs Frau und Kinder ermorden; Macduff und seine Männer besetzen Macbeths Schloß. Lady Macbeth begeht Selbstmord, Macduff tötet Macbeth, und Malcolm, der älteste Sohn des Duncan, wird König.

2 Othello, der Moor von Venedig

Zitat: „Merk' auf, o Welt! Aufrichtig sein und redlich bringt Gefahr."

Personen

1. Othello, ein edler Mohr im Dienste des venezianischen Staates
2. Cassio, sein Leutnant
3. Jago, sein Fähndrich
4. Desdemona, Tochter des Brabantios und Gemahlin des Othello
5. Bianca, Kurtisane des Cassio

Othello wird von vielen als Shakespeares persönlichstes Stück angesehen. Es zeigt die Hochzeit eines schwarzen Arabers oder Mohren, Othello, mit einer weißen italienischen Jungfrau der Renaissance, Desdemona. Jago und Rodrigo, die in Desdemona verliebt sind, planen eine Verschwörung gegen Othello und seinen Leutnant Cassio. Othello soll glauben, daß Desdemona ihn mit Cassio betrügt. Am Ende tötet Othello Desdemona, erkennt dann jedoch, daß er von seinem bösen Fähnrich betrogen wurde. Voller Schuld und Reue tötet er sich selbst.

Die Geschwindigkeit, mit der sich Othellos rasende Eifersucht entwickelt, und die Spannung und Kraft seiner Gefühle führten viele Kritiker zu der Annahme, daß es sich hierbei um Empfindungen gehandelt haben muß, die Shakespeare persönlich erfahren hat.

3 König Lear

Zitat: „Wie es schärfer nage als Schlangenzahn, ein undankbares Kind zu haben."

Personen

1. Lear, König Britanniens
2. Der Narr
3. Goneril } Lears Töchter
4. Regan } Lears Töchter
5. Cordelia } Lears Töchter

Genau wie in dem Stück *Kymbelin* wählte Shakespeare auch für *König Lear* das alte Britannien als Hintergrund. Der König, Lear, setzt sich zur Ruhe und teilt sein Königreich zwischen zwei seiner Töchter, Regan und Goneril, auf, die sich durch Schmeicheleien seine Gunst erschlichen haben. Wie schon in *Timon von Athen* taucht hier wieder das Thema Undankbarkeit auf, weil die beiden Töchter um Überlegenheit streiten, sich gegen Lear wenden und ihn schließlich verstoßen.

Lears dritte Tochter, Cordelia, heiratete ohne Mitglift den König von Frankreich. Nach ihrer Weigerung, sich bei ihrem Vater beliebt zu machen, hatte er sie bei der Aufteilung seines Königreichs ausgeschlossen. Als sie von seiner

Misere hört, bringt Cordelia eine Armee aus Frankreich nach England, um ihn zu retten, doch sie wird ermordet.

Lear, der erkennt, daß die Tochter, die er so schlecht behandelt hatte und die zu seiner Rettung gekommen war, nicht mehr lebt und daß diejenigen, denen er alles gegeben hatte, sich gegen ihn wenden, verfällt dem Wahnsinn und stirbt.

4 Hamlet, Prinz von Dänemark

Zitat: „Sein oder nicht sein. Das ist hier die Frage."

Personen

1. Claudius, König von Dänemark
2. Hamlet, Sohn des vorigen und Neffe des gegenwärtigen Königs
3. Polonius, Oberkämmerer
4. Horatio, Hamlets Freund
5. Laertes, Sohn des Polonius
6. Zwei Narren, Totengräber
7. Geist von Hamlets Vater
8. Gertrude, Königin von Dänemark und Mutter von Hamlet
9. Ophelia, Tochter des Polonius
10. Rosenkranz } Hofleute
11. Güldenstern } Hofleute
12. Fortinbras, Prinz von Norwegen

Hamlet ist eine Rachetragödie, in der ein Sohn, dem Unrecht geschah, Rache nimmt an all jenen, die schwere Verbrechen verübt haben, in diesem Fall den Mord an seinem Vater und den „Diebstahl" der Krone Dänemarks. Was diesem besonderen Thema immer wieder Glanz verleiht, ist die Tatsache, daß Hamlet zu intelligent ist, diese Racheakte einfach auszuführen, und daß er ständig seine eigenen Motive hinterfragt. Am Ende geht er mit diesen Selbstzweifeln zu weit, und anstatt die Situation zu klären, verkompliziert er alles nur noch mehr.

Der Geist seines Vaters berichtet Hamlet, daß er von Hamlets Bruder Claudius ermordet wurde, der inzwischen König ist. Hamlet täuscht vor, wahnsinnig zu sein, plant aber in Wirklichkeit, Rache zu nehmen. Er organisiert ein Theaterstück, in dem der Tod seines Vaters dargestellt wird, um sich von Claudius' Schuld zu überzeugen. Als er seine Mutter warnen will, belauscht ihn Polonius, so daß Hamlet ihn tötet. Claudius schickt Hamlet nach England, wo er getötet werden soll, doch dieser entkommt und kehrt nach Dänemark zurück.

Ophelia, Polonius' Tochter, die einst von Hamlet geliebt wurde, hat sich ertränkt. Der König schlägt ein Duell zwischen Hamlet und Polonius' Sohn Laertes vor. Hamlet wird durch ein vergiftetes Schwert verwundet, das er ergreift und damit Laertes und den König tötet. Die Königin trinkt vergifteten Wein, der eigentlich für Hamlet bestimmt war, und Hamlet stirbt an seinen Wunden.

Die Komödien

Shakespeares Komödien basieren auf der italienischen Grundform der *Commedia del Arte*, in der häufig Zwillinge, Doppelgänger, Geschwister, Kleidertausch und Verwechslungen vorkommen. Natürlich baut Shakespeare seine eigenen genialen Elemente in die vorhandenen Handlungen ein.

1 Die Komödie der Irrungen

Zitat: „Was die Zeit dem Menschen an Haar entzieht, das ersetzt sie ihm an Witz.“

Personen

1. Solinus, Herzog von Ephesus
2. Ägeon, ein Kaufmann aus Syrakus
3. Antipholus von Ephesus } Zwillingsbrüder und
4. Antipholus von Syrakus } Söhne des Ägeon
5. Dromio von Ephesus } Zwillingsbrüder und Skla-
6. Dromio von Syrakus } ven der beiden Antipholus
7. Ämilia, Gemahlin des Ägeon, Äbtissin von Ephesus
8. Adriana, Gemahlin des Antipholus von Ephesus
9. Lucinia, ihre Schwester

Die Komödie der Irrungen, die auf Plautus' *„Menächmen"* basiert, ist eine heitere Geschichte von Zwillingen, noch mehr Zwillingen, Geschwistern, Frauen und Liebhabern, die alle miteinander in eine Reihe munterer Verwechslungen und Mißverständnisse verwickelt werden.

In erster Linie geht es in dem Stück um die beiden Antipholus-Zwillinge, von denen einer als Kind wegläuft und dessen Vater aus Kummer darüber stirbt.

Der Junge wächst auf und heiratet, und die Geschichte beginnt damit, daß er das Cape seiner Gemahlin stiehlt, um es seiner Geliebten zu schenken. Gleichzeitig erscheint sein Bruder, der nach seinem verschwundenen Zwillingsbruder sucht.

An diesem Punkt verwechselt die junge Frau diesen Zwilling mit ihrem Geliebten, und die Handlung wird herrlich kompliziert, weil der Bruder mit dem Cape nun auch die Gemahlin seines Bruders trifft. Als er nach Hause zurückkehren will, stellt er fest, daß sowohl seine Geliebte als auch seine Frau ihn ausgesperrt haben. Doch irgendwie sieht man gerade rechtzeitig die beiden Zwillingsbrüder gemeinsam, und die Ursache für die Verwirrung ist geklärt. Es gibt ein glückliches Wiedersehen, und beide ziehen nach Syrakus, um dort zu leben.

2 Der Widerspenstigen Zähmung

Zitat: „Wie zahm, wenn Mann und Frau allein gelassen, der lahmste Wicht die tollste Spröde stimmt."

Personen

1. Battista Minola, ein reicher Edelmann aus Padua
2. Petruccio, ein Edelmann aus Verona, Katharinas Freier
3. Katharina, die Widerspenstige } Töchter des
4. Bianca } Baptista
5. Lucentio, Sohn des Vincentio, Liebhaber der Bianca

Eine Satire über die Beziehung zwischen Männern und Frauen. Bianca darf nicht eher heiraten, als bis ihre übellaunige ältere Schwester, Katharina, verheiratet ist. Ihr Vater, Battista, ist auf der Suche nach einem Lehrer für Bianca und einem Liebhaber für Katharina. Der junge Lucentio verliebt sich in Bianca, gibt sich als Lehrer aus, und die beiden brennen durch.

Katharina, scheußlich und widerspenstig, schlägt jeden Mann, der ihr vorgestellt wird, in die Flucht und verabscheut die Vorstellung, zu heiraten. Petruccio ist ein Edelmann aus Verona, der für Geld jede heiraten würde. Es gelingt ihm, Katharina in einer Reihe von nach heutiger Vorstellung chauvinistischen Manövern zu „zähmen". Am Ende des Stückes herrscht zwischen den beiden eheliche Ausgeglichenheit und Harmonic.

3 Die beiden Veroneser

Zitat: „Ich muß dir sagen, Bursch, ich heiße Mann. Das ist ein Titel, zu dem das Alter dich nie bringen wird."

Personen

1. Herzog von Mailand, Vater der Silvia
2. Valentin } zwei junge
3. Proteus } Veroneser
4. Antonio, Vater des Proteus
5. Julia, Geliebte des Proteus
6. Silvia, Geliebte des Valentine

Bei den *beiden Veronesern* handelt es sich um eine Liebesgeschichte, in der die Liebe durch äußere und innere Einflüsse auf die Probe gestellt wird. Antonio, der Vater des Proteus, verlangt von seinem Sohn, daß dieser sich von seiner Geliebten trennt. Antonio wird jedoch selbst Opfer einer momentanen sinnlichen Anziehungskraft.

Valentin, der andere „Edelmann", wird vom Herzog wegen „indiskreten" Verhaltens verbannt. Das Stück konzentriert sich auf den Konflikt der Männer, die zwischen ihrer Freundschaft und sexuellen Reizen hin und hergerissen sind. Als die Schwierigkeiten zunehmen, rehabilitiert Valentin den Proteus schließlich und bietet ihm sogar seine eigene Geliebte an.

4 Liebes Leid und Lust

Zitat: „Was unerforschlich ist gemeinem Sinn, das ist des Studiums göttlicher Gewinn.“

Personen

1.	Ferdinand, König von Navarra	
2.	Biron	Herren im Gefolge des Königs
3.	Longaville	
4.	Dumain	
5.	Die Prinzessin von Frankreich	
6.	Rosaline	Hoffräulein der Prinzessin
7.	Maria	
8.	Katharina	

Ferdinand, der König von Navarra, überredet drei seiner Höflinge, Biron, Longaville und Dumain, drei Jahre lang auf die Begleitung von Frauen zu verzichten. Doch die Ankunft der französischen Prinzessin und ihres Gefolges verursacht Probleme, weil sich alle drei verlieben: Biron in Rosaline; der König in die Prinzessin; Longaville in Maria und Dumain in Katharina.

Es werden Liebesgedichte verschickt und Listen angewandt, doch der Tod des Königs von Frankreich zwingt die Damen, nach Frankreich zurückzukehren. Sie versprechen, nach einer angemessenen Trauerzeit zurückzukehren, wenn die Männer in der Zwischenzeit gute Taten vollbringen.

5 Ein Mittsommernachtstraum

Zitat: „Wenn wir uns nichts Schlechteres von ihnen einbilden als sie selbst, so mögen sie für vortreffliche Leute gelten."

Personen

1. Theseus, Herzog von Athen
2. Lysander } Liebhaber
3. Demetrius } der Hermia
4. Zettel, der Weber
5. Hermia, Tochter des Egeus, in Lysander verliebt
6. Helena, in Demetrius verliebt
7. Oberon, König der Elfen
8. Titania, Königin der Elfen
9. Droll
10. Hippolyta, Königin der Amazonen, mit Theseus verlobt

Ein Mittsommernachtstraum erforscht auf geistreiche Art die mysteriöse Beziehung zwischen Mann und Frau. Es zeigt, wie Liebe gleichzeitig vernünftig und irrational sein kann.

Theseus, der Herzog von Athen, soll Hippolyta, die Königin der Amazonen, heiraten. Hermia weigert sich, ihren Geliebten Lysander aufzugeben, um Demetrius zu heiraten, und so fliehen sie in einen Wald, gefolgt von Demetrius. Demetrius wiederum wird von Helena verfolgt, die in Demetrius verliebt ist, von diesem aber nicht ernst genommen wird.

Im Wald wird allerlei Unfug getrieben: Oberon verflucht Titania, und Droll spielt Zettel Streiche. Das Stück schildert, wie es möglich ist, sogar den lächerlichsten Gestalten gegenüber romantische Gefühle zu empfinden, als Titania sich in einen Esel verliebt, der in Wirklichkeit Zettel in Verkleidung ist.

Am Ende des Stückes werden all die mystischen Fäden entwirrt, Realität kehrt ein, und alle reisen nach Athen zurück, wo eine dreifache Hochzeit gefeiert wird, bei der das Spiel *Pyramus und Thisbe* aufgeführt wird.

6 Viel Lärmen um nichts

Zitat: „Was für ein artiges Ding ein Mann ist, wenn er in Wams und Hose herumläuft und seinen Verstand zu Hause läßt!"

Personen

1. Don Pedro, Prinz von Arragon
2. Don Juan, Pedros Halbbruder
3. Benedikt, ein Edelmann aus Padua
4. Holzapfel, Gerichtsdiener
5. Leonato, Gouverneur von Messina
6. Beatrice, Leonatos Nichte
7. Hero, Tochter des Leonato
8. Claudio, ein florentinischer Graf

Viel Lärmen um nichts ist eine Sittenkomödie. Don Pedro, Prinz von Arragon, und zwei seiner Freunde, Claudio und Benedikt, weilen mit Leonato, dem Gouverneur, in Messina. Don Pedro erklärt sich einverstanden, in Claudios Namen um Leonatos Tochter Hero zu werben. Inzwischen planen Don Pedro, Leonato und Claudio, Beatrice, Leonatos Nichte, und Benedikt zu verkuppeln.

Hero soll angeblich untreu gewesen sein, und Claudio prangert sie öffentlich an, doch die Verschwörer, die dies eingefädelt haben, werden entlarvt. Benedikt und Leonato fordern Claudio zu einem Duell heraus, weil dieser Hero mißtraut hat, doch Claudio bereut sein Verhalten bereits. Alles endet gut, und es gibt eine Doppelhochzeit: Claudio und Hero, Beatrice und Benedikt.

Man könnte sagen, das Stück handele von Beatrice und Benedikt, die die meiste Zeit damit verbringen, sich zu necken und auf Kosten des jeweils anderen Späße zu machen, obwohl es oberflächlich so aussieht, als wären sie sehr ineinander verliebt. Als aus den Neckereien jedoch Ernst zu werden droht und ihr Verhältnis auf dem Spiel steht, bereinigen sie ihre Differenzen und werden glücklich vereint.

7 Wie es euch gefällt

Zitat: „Der Narr hält sich für weise, aber der Weise weiß, daß er ein Narr ist.“

Personen

1. Der Herzog, lebt in Verbannung
2. Friedrich, Bruder des Herzogs und Usurpator seines Gebiets
3. Jaques, Edelmann, der den Herzog in die Verbannung begleitet
4. Probstein, der Narr
5. Rosalinde, Tochter des vertriebenen Herzogs
6. Celia, Friedrichs Tochter

Wie es euch gefällt ist eine ländliche Komödie, in der ein abgesetzter Herzog als Ausgestoßener in einem Wald lebt in der Hoffnung, verschiedene Liebende wieder zu vereinigen. In witzigen politischen und familiären Intrigen treten die Liebenden in unterschiedlicher Verkleidung auf, unter anderem verkleidet sich Rosalinde als Mann und verursacht auf diese Weise alle möglichen komischen Verwicklungen. Nachdem es eine ganze Reihe lustiger Verwirrungen gegeben hat, die für Shakespeare so typisch sind, werden die echten Beziehungen alle geklärt, die wahre Liebe findet ihren Weg, und das Stück endet mit vier Hochzeiten.

8 Die lustigen Weiber von Windsor

Zitat: „Welch ein Hanswurst aus dem Verstande werden kann, wenn er auf verbotenen Wegen schleicht.“

Personen

1. Sir John Falstaff
2. Fenton
3. Fluth } Zwei Bürger
4. Page } von Windsor
5. Frau Fluth
6. Frau Page
7. Frau Hurtig, Dienerin des Doktor Cajus

Man behauptet, Shakespeare hätte dieses Stück geschrieben, weil Königin Elisabeth I. von dem alten Gauner Falstaff in *Heinrich V.* so entzückt gewesen sei, daß sie darum bat, ihn in einem anderen Stück noch einmal wiedersehen zu können. In der Geschichte geht es um das Leben in der behaglichen, selbstsicheren Gemeinschaft derer zu Windsor, wo die beiden Töchter von Page und Fluth sich gerade darum bemühnen, einen Ehemann zu finden. In diese Gemeinschaft kommt Falstaff, der, wie immer knapp bei Kasse, versucht, sich mit Hilfe der Gemahlinnen einiger einheimischer Bürger ein wenig Geld zu verdienen. Wie in vielen Komödien Shakespeares geht es in dem Stück um verschiedene ineinander verflochtene Beziehungen, in die alle repräsentativen Figuren der Gemeinde verwickelt sind: zwei Geschäftsleute, ein Arzt und ein Pastor, der Inhaber einer Schenke, der ein geborenes Klatschmaul ist.

Das Stück berichtet von der unbegründeten Eifersucht der Ehemänner, die glauben, daß ihre Frauen sie betrügen. Falstaff wird schließlich in einem Wäschekorb in den Fluß geworfen und wird zum Gespött des ganzen Ortes, als man ihm in einer mitternächtlichen Zeremonie im Wald von Windsor ein Geweih aufsetzt (die Hörner des Betrogenen).

9 Was Ihr wollt

Zitat: „Der erste Trunk über den Durst macht ihn zum Narren, der zweite toll, und der dritte ersäuft ihn."

Personen

1. Orsino, Herzog von Illyrien
2. Olivia
3. Viola
4. Sebastian, Bruder der Viola
5. Junker Tobias von Rülp, Olivias Oheim
6. Junker Christoph von Bleichenwang
7. Malvolio, Olivias Haushofmeister
8. Ein Narr

Ebenso wie *Die zwei Veroneser* und *Ein Mittsommernachtstraum* ist *Was Ihr wollt* eine Sittenkomödie, in der verschiedene Liebende eine Reihe von Verwechslungen und Verwicklungen durchstehen müssen. In diesem Stück dienen einige Figuren lediglich dazu, das Stück noch komischer zu gestalten. Dazu gehört z.B. der aufgeblasene Diener, der das Leben viel zu ernst nimmt und am Ende eingesperrt und mit vermeintlichen Geistern gefoltert wird. Wir sehen Diener, die dem Treiben stillschweigend Vorschub leisten, Dienstherren, die glauben, verliebt zu sein, und Damen, die in den „Falschen" verliebt sind.

Auch in *Was Ihr wollt* tritt eine Figur auf, die Falstaff ähnelt, und zwar als Junker Tobias von Rülp, einem Großmaul, der eine Vorliebe für Alkohol und Duelle hat. Wie bei allen Shakespeareschen Komödien endet auch dieses Stück damit, daß alles sich aufklärt und alle glücklich und zufrieden zusammenleben.

10 Ende gut, alles gut

Zitat: „Doch dünkt mich keine Sünde, den betrügen, der als falscher Spieler hofft zu siegen."

Personen

1. König von Frankreich
2. Bertram, Graf von Roussillon
3. Gräfin von Roussillon, Mutter des Betram
4. Helena, ihre Pflegetochter

Dieses Stück, die letzte von Shakespeares Komödien, wird oft als „düstere Komödie" oder „Problemstück" bezeichnet. Es steckt voller Themen, die zum Nachdenken anregen. Es ist eine Liebesgeschichte, allerdings keine problemlose. Das Stück endet jedoch so gut, wie es die Entwicklungen am Ende zulassen. Helena wird von Bertram aufgrund ihres niederen Standes zurückgewiesen, obwohl der König vernünftigerweise und mit Leidenschaft die Auffassung vertritt, daß Verdienste mehr wert sind als Geburtsrechte.

Die Szene beginnt damit, daß Helena mit ihrer „Heilmethode" für ihren Mann beginnt. Es handelt sich dabei um eine kleine „Bettmogelei", denn sie muß ihren Mann dazu bringen, sich ihr hinzugeben, ohne daß er weiß, daß sie es ist, der er sich hingibt. Das tut sie dann auch und wird tatsächlich schwanger, doch er liebt ihren „Schatten" und das Stück hat eigentlich kein richtiges Ende und keine Auflösung.

Die moralischen Dramen

Es sind keine reinen Komödien, aber auch keine echten Tragödien, sondern sie enthalten Elemente aus beidem. In diesen Stücken werden moralische Dilemmas untersucht, die das Publikum vor die Frage stellen: „Was würde ich in dieser Situation tun?"

1 Romeo und Julia

Zitat: „Abhängigkeit ist heiser, wagt nicht laut zu reden."

Personen

1. Paris, ein junger Edelmann
2. Montague } Häupter zweier Häuser,
3. Capulet } die im Zwist miteinander sind
4. Romeo, Sohn des Montague
5. Mercutio, Romeos Freund
6. Tybalt, Neffe der Gräfin Capulet
7. Bruder Lorenzo, Franziskaner
8. Julia, Capulets Tochter
9. Juliens Amme

Die beiden rivalisierenden Familien, die Montagues und die Capulets, wetteifern um die Vorherrschaft im Italien der Renaissance.

Paris, ein junger Edelmann, hat um Julias Hand angehalten, Capulets 13jährige Tochter, doch man ließ ihn wissen, daß sie viel zu jung für ihn sei.

Romeo, der Sohn des Montague, besucht in Verkleidung ein Fest im Hause der Capulets und trifft dort Julia. Sie verlieben sich ineinander und heiraten heimlich, doch Romeo wird nach einer Familienfehde verbannt, bei der sein Freund Mercutio und Tybalt, der Neffe der Gräfin Capulet, getötet werden.

Angesichts der wachsenden Spannungen ändert Capulet seine Meinung und besteht darauf, daß Paris und Julia innerhalb von zwei Tagen heiraten müssen. Völlig verwirrt schmiedet Julia einen trotz ihrer Verwirrung listigen Plan: Julia nimmt einen Gifttrank zu sich, der ihr das Aussehen einer Toten gibt. Romeo, der sie entdeckt, glaubt, daß sie wirklich tot ist, und vergiftet sich selbst. Als Julia erwacht, entdeckt sie den toten Romeo an ihrer Seite und begeht Selbstmord. Das tragische Ende der beiden Liebenden versöhnt am Ende die beiden Familien und bringt der Stadt den Frieden.

2 Der Kaufmann von Venedig

Zitat: „Gott schuf ihn, also laß ihn für einen Menschen gelten.“

Personen

1. Antonio, der Kaufmann von Venedig
2. Shylock, ein reicher Jude
3. Jessica, Tochter des Shylock
4. Lorenzo, Liebhaber der Jessica
5. Bassanio, Lorenzos Freund, Freier der Porzia
6. Porzia, eine reiche Erbin
7. Nerissa, Porzias Begleiterin

Der Kaufmann von Venedig ist eigentlich eine ausführliche Abhandlung über Gnade und Mitgefühl in menschlichen Beziehungen.

Bassanio, der um die Hand Porzias anhalten möchte, leiht sich zu diesem Zweck Geld von seinem Freund Antonio, der sich das Geld wiederum von Shylock, einem jüdischen Geldverleiher, borgen muß. Antonio erklärt sich damit einverstanden, daß Shylock für den Fall, daß Antonio das Geld nicht binnen drei Monaten zurückzahlt, Anspruch auf ein Pfund seines Fleisches hat.

Shylocks Tochter, Jessica, flieht mit Lorenzo, einem Nichtjuden, und Bassanio heiratet Porzia.

Antonios Schiffe laufen auf Grund, so daß er seinen Kredit nicht zurückzahlen kann. Verkleidet als Rechtsanwalt und Gehilfe gewinnen Porzia und Nerissa, ihre Begleiterin, das Gerichtsverfahren zu Antonios Gunsten. Am Ende verliert Shylock alles, und auf Antonios Beharren tritt er zum christlichen Glauben über. Antonios Schiffe werden schließlich doch noch gerettet.

3 Maß für Maß

Zitat: „Miß nicht den Nächsten nach dem eig'nen Maß!"

Personen

1. Vincentio, Herzog von Wien
2. Angelo, Statthalter während des Herzogs Abwesenheit
3. Claudio, ein junger Edelmann
4. Isabella, Claudios Schwester
5. Mariana, Verlobte des Angelo

In *Maß für Maß* wird auf hintergründige Art das Wesen der Gerechtigkeit erforscht und der Frage nachgegangen, ob Gerechtigkeit absolut ist oder durch Gnade gemäßigt werden kann. Dieses Stück hält der Menschheit einen Spiegel der Erkenntnis vor.

Herzog Vincentio überläßt seinem Stellvertreter, Angelo, die Verwaltung von Wien, verkleidet sich jedoch als Mönch, um ein Auge auf alles werfen zu können. Angelo initiiert voller Rachsucht eine „Säuberungsaktion", bei der unter anderem ein junger Mann, Claudio, wegen Unzucht zum Tode verurteilt wird.

Isabella, Claudios Schwester, die in Kürze in ein Kloster eintreten wird, fleht bei Angelo um Gnade für ihren Bruder.

Angelo verliebt sich unsterblich in Isabella und bietet ihr an, ihren Bruder zu schonen, wenn sie sich ihm hingibt. Doch der „Mönch" beobachtet alle diese Vorfälle. Auf seinen Vorschlag hin geht Isabella zum Schein auf Angelos Vorschlag ein, schickt jedoch Mariana an ihrer Statt, die bereits mit Angelo verlobt ist.

Angelo, den die Macht immer korrupter macht, hält sein Versprechen nicht und ordnet trotzdem Claudios Hinrichtung an. Die „moralischen" Figuren arrangieren, daß ein Pirat an Claudios Stelle hingerichtet wird, und der „heimgekehrte" Herzog verurteilt Angelo zum Tode. Am Ende erweist sich der Herzog als überaus gnädig und vergibt sowohl Angelo als auch Claudio. Da er sich in Isabella verliebt hat, während er als Mönch verkleidet war, bittet er sie, ihn zu heiraten.

Die letzten Dramen

Shakespeare macht in seinen Dramen eine Entwicklung durch: In seinen früheren Meisterwerken enden tragische Geschehnisse auch immer tragisch. Seine letzten Dramen zeichnen sich dadurch aus, daß es am Ende intelligente und menschliche Lösungen für „scheinbar" katastrophale Situationen gibt.

1 Kymbelin, König von Britannien

Zitat: „Überfluß und Friede zeugen Memmen. Drangsal ist der Keckheit Mutter."

Personen

1. Kymbelin, König von Britannien
2. Cloten, Sohn der Königin, von ihrem ersten Gemahl
3. Posthumus Leonatus, ein Edelmann, Imogens Ehemann
4. Imogen, Tochter des Kymbelin, von der vorigen Königin
5. Bellarius, ein verbannter Lord unter dem Namen Morgan
6. Guiderius } Söhne des Kymbelin
7. Arviragus } Söhne des Kymbelin
8. Königin, Kymbelins Gemahlin

Dieses Drama spielt in einer Zeit, in der Britannien eigentlich nicht mehr zum Römischen Reich gehörte, sondern ähnlich mächtig wurde wie Rom. Kymbelin ist gegen die Heirat seiner Tochter Imogen mit Posthumus. Aus diesem Grund wird Posthumus nach Italien verbannt. Die Königin plant, die Kontrolle über das Land zu übernehmen und Cloten, ihren Sohn, zum König zu machen und ihm Imogen als Frau zu geben. Es gelingt ihr, die Römer dazu zu bringen, Britannien den Krieg zu erklären.

Durch den Komplott der Königin glaubt Posthumus, Imogen sei ihm untreu gewesen, und befiehlt ihre Ermordung; glücklicherweise gelingt der Anschlag nicht.

Als Belarius eintrifft, der jahrelang in einer Höhle leben mußte, nachdem er Guiderius und Arviragus, die Söhne des Kymbelin entführt hatte, verdichtet sich die Handlung. In den nun folgenden Schlachten tötet Guiderius Cloten, die Römer werden geschlagen, und es kehrt wieder Frieden ein.

In der letzten Szene empfindet Posthumus tiefe Reue und versöhnt sich mit Imogen; die böse Königin stirbt; es findet eine glückliche Vereinigung des Königs mit seinen Söhnen statt.

2 Ein Wintermärchen

Zitat: „Eu'r Lob ist unser Lohn. Eh' treibt Ihr uns mit einem sanften Kusse tausend Meilen als mit dem Sporn zehn Schritt nur“

Personen

1. Leontes, König von Sizilien
2. Autolycus, ein Spitzbube
3. Hermione, Königin von Leontes
4. Perdita, Tochter von Leontes und Hermione
5. Polyxenes, König von Böhmen
6. Florizel, Prinz von Böhmen

Ein Wintermärchen ähnelt in gewisser Hinsicht *Othello*. Bei beiden Dramen geht es um Eifersucht und einen mächtigen Mann, der glaubt, seine Frau sei ihm untreu.

In diesem Stück glaubt Leontes, seine Frau Hermione und Polyxenes, der Prinz von Böhmen und gleichzeitig sein Freund, hätten eine Affäre. Als sein Verdacht immer stärker wird, sperrt Leontes Hermione ein und befiehlt, daß ihre neugeborene Tochter ausgesetzt wird.

Die Tochter, Perdita („die Verlorene“) wird nicht vom Wasser fortgetragen und stirbt nicht, sondern sie wird von einem Schäfer gefunden und kehrt schließlich zurück. Auch Leontes Gemahlin, die er irrtümlich für tot gehalten und die er fälschlicherweise beschuldigt hatte, erwacht wieder zum Leben. Am Ende des Stücks werden der König und die Königin wieder mit ihren Kindern vereint; Perdita und Florizel heiraten.

3 Der Sturm

Zitat: „Wer da stirbt, zahlt alle Schulden.“

Personen

1. Prospero, rechtmäßiger Herzog von Mailand
2. Ferdinand, Sohn des Königs von Neapel
3. Kaliban, ein wilder, mißgestalteter Sklave
4. Trinculo, ein Spaßmacher
5. Stephano, ein betrunkener Kellner
6. Miranda, Tochter des Prospero
7. Ariel, ein Luftgeist
8. Alonso, König von Neapel

Der Sturm wird normalerweise als Shakespeares letztes Drama bezeichnet und handelt wieder von der Vergebung. Das Stück schildert die Verbannung von Prospero, dem rechtmäßigen Herzog von Mailand, auf eine entfernte Insel. Um ihn herum leben nur mystische Feengeister und Kobolde, wie Kaliban.

Prospero befreit mit magischen Kräften Ariel, einen Geist, der einen Sturm befiehlt, in welchem König Alonso (Anführer der Verschwörung, die Prospero und seine Tochter im Meer ausgesetzt hat) mit seinen Begleitern Schiffbruch erleidet.

Durch Zauberei gelingt es Prospero, die unrechtmäßigen Machthaber seines Landes auf die Insel zu locken, und bestraft sie damit auf intelligente und raffinierte Weise. Als Ferdinand, der Sohn des Alonso, sich jedoch in Miranda verliebt, gibt Alonso Prospero sein Herzogtum zurück und bittet um Vergebung. Wie schon die anderen Dramen endet auch *Der Sturm* mit einer bitter-süßen Wiedervereinigung. Alle kehren gemeinsam nach Italien zurück.

13 Vokabeln – Vorsilben, Endungen und Stämme

Die korrekte Verwendung von Worten ist die geistige Fähigkeit, die am ehesten zu allgemeinem persönlichem Erfolg führt. Es ist daher sehr wichtig, daß Sie diese reizvolle und Ihre Persönlichkeit fördernde Fähigkeit im Laufe ihres Lebens immer weiterentwickeln.

Es scheint sich dabei zunächst um eine recht entmutigende Aufgabe zu handeln, doch glücklicherweise gibt es einen einfachen Weg, der mit wenig Zeitaufwand einen großen Nutzen bringt. So, wie man beim Legospiel aus wenigen Grundbausteinen endlos viele Formen und Strukturen zusammensetzen kann, so basieren Vokabeln auf relativ wenigen Vorsilben, Endungen und Wortstämmen.

Auf den folgenden Seiten finden Sie in alphabetischer Reihenfolge die wichtigsten Vorsilben, Endungen und Wortstämme, die Ihnen in jeder Unterhaltung, die Sie führen, und in jedem Buch, das Sie lesen, immer wieder begegnen werden.

Wenn Sie sich diese Schlüssel-Wortteile mit dem SEM^3 einprägen, fördern Sie Ihr Gedächtnis, vergrößern Ihren Wortschatz und verbessern Ihren „Erfolgsquotienten“. Sie werden außerdem auch Ihren Intelligenzquotienten verbessern, weil Gedächtnistests und Aufgaben mit Wörtern zwei der wichtigsten Bestandteile von normalen Intelligenztests (IQ) sind.

Vorsilben

(L = Lateinisch; G = Griechisch; F = Französisch; E = Englisch. Einige Quellen sind unbekannt.)

Vorsilbe	**Bedeutung**	**Beispiel**
a-, an- (G)	ohne, nicht	anaerob
ab-, abs- (L)	weg, von, getrennt	abstinent
ad- (L)	zu, her, nach	Advent
aero-	Luft	aerodynamisch
äqui-	gleich	äquivalent
Amb-, Ambi- (G)	um, ringsum	Ambiente
amphi- (G)	beidseitig, herum	Amphitheater
ante (L)	vor	ante Christum
anti- (G)	gegen	antiautoritär
apo- (G)	ab, weg	Apostasie
arche- (G)	ursprünglich	archetypisch
auto- (G)	selbst	autonom
be-	über, machen	beäugen, betören
bene- (L)	gut	Benefizkonzert
bi- (G)	zwei	Bimetall
bei	neben, dazu	Beiboot, beigeordnet
de- (F)	ab, herunter	deaktivieren
deka, dezi (G)	zehn	Dekade, Dezimalzahl
dia- (G)	durch, zwischen	Diaphragma
dis- (L)	nicht, gegenteilig	Disharmonie
duo- (G)	zwei	Duplex
dis- (L)	auseinander, weg	Distanz
e-, ex-	weg, heraus	exmatrikulieren
ek- (G)	aus, heraus	Ekstase
en-, in-	ein, nicht	Entrée, indiskutabel
erz-	ursprünglich	Erzfeind
epi- (G)	auf, an, zusätzlich	Epidermis
extra- (L)	außerhalb, zusätzlich	Extraportion
hemi- (G)	halb	Hemisphäre
hepta- (G)	sieben	Heptagon

hexa- (G)	sechs	Hexagon
homo- (L)	dasselbe	homogen
hyper- (G)	über, exzessiv	Hyperventilation
il-	nicht	illegal
in-, im-, un- (L, G, F)	nicht	intolerant, unlogisch
inter- (L)	zwischen	international
intra-, intro- (L)	innen, innerhalb	intravenös
iso- (G)	gleich	Isobare
kata- (G)	herab, nieder	Katalog
ko-, kom-, kor-, kol-	zusammen	Kollege, Kooperation
kon- (L)	mit	Konferenz
mal- (L)	schlecht	Malefiz
meta- (G)	nach, über	Metaebene
mis-	falsch	Mißverständnis
mono- (G)	ein, einzig	Monogamie
multi- (L)	viele	Multimillionär
non-	nicht	Nonsens
oppo- (L)	gegen	Opposition
okta- (G)	acht	Oktave
para- (G)	neben	paramilitärisch
penta- (G)	fünf	Pentagon
per- (L)	durch	per Scheck
peri- (G)	herum, ungefähr	peripher
poly- (G)	viele	polygam
post- (L)	nach	Postskriptum
prä- (L)	vor	prähistorisch
quadri- (L)	vier	Quadrille
re- (L)	wieder, zurück	Reimport
retro- (L)	rückwärts	Retrospektive
selbst-	sich selbst	Selbstkontrolle, selbstgesteuert
semi- (G)	halb	semiprofessionell
sub- (L)	unter	subversiv
syn-, sym- (G)	zusammen	Synergie, Symbiose
tele- (G)	fern	Telepathie
ter- (L)	dreimal	Terz
tetra- (G)	vier	Tetralogie

trans- (L)	über, durch	transatlantisch
tri- (L,G)	drei	Triangel
ultra- (L)	mehr als	Ultraleicht-flugzeug
un-, im- (L,G,F)	nicht	unfähig
unter-	niedriger	unterschätzen
uni- (L)	ein	Uniform
über-	zu hoch, über	Überzahlung
vice- (L)	an Stelle von	Vizekanzler
vor (E)	bevor	Vorhersehung
zenti- (L)	hundert	Zentimeter
zirkum-	um, herum	Zirkumskription

Endungen

Endung	**Bedeutung**	**Beispiel**
-abel, -ibel (L)	in der Lage, geeignet	durabel, flexibel
-age (L)	Zustand	Leckage
-al (L)	in Verbindung mit	verbal
-ant	Eigenschaft, Zustand	vakant
-anz, -enz	zur Bildung von substantivierten Eigenschaftswörtern	Toleranz, Insolvenz
-arium, -orium (L)	Ort für	Aquarium, Auditorium
-ar (L)	Ort für, von etwas handelnd	Seminar
-at (L)	behördlich	Magistrat, Referat
-ation (L)	Vorgang oder Zustand	Verifikation
-et, -ette (F)	klein	Marionette
-fieren, -ieren	machen	fotografieren
-heit	Zustand	Kindheit
-isch (G)	bezüglich	historisch
-ismus (G)	Eigenschaft oder Doktrin	Sozialismus
-ist (G)	jemand, der etwas ausübt	Sozialist

-itis (L)	Entzündung (med.)	Bronchitis
-ität (L)	Zustand/Eigenschaft	Loyalität
-iv (L)	Charaktereigenschaft	kreativ
-isieren (G)	machen, ausführen	modernisieren
-keit	Zustand	Dankbarkeit
-lent (L)	angefüllt	korpulent
-lich	hat die Eigenschaft	ängstlich
-los	ohne	gesichtslos
-logie (G)	deutet auf einen Wissenszweig	Biologie
-ment (L)	Vorgang oder Zustand	Ressentiment
-metrie, -meter (G)	Maß	Geometrie, Barometer
-or (L)	Person oder Sache, die etwas tut oder kann	Imperator
-ose	Vorgang oder Zustand	Metamorphose
-ös (L)	voll von	skandalös
-tüde (F)	Zustand, Eigenschaft	Platitüde

Wortstämme

Stamm	**Bedeutung**	**Beispiel**
aer	Luft	aerodynamisch
am (amare)	Liebe	amourös
ann	Jahr	Annuität
aud (audire)	hören	Auditorium
bio	Leben	Biographie
chron	Zeit	Chronik
corp	Körper	Korpus
cap (capire)	nehmen	kapieren
cap (caput)	Kopf	Kapital
dic (dicere)	sprechen	Diktat
duc (ducere)	führen	induzieren
ego	ich	Egoismus
aequi	gleich	Äquivalent
fak, fic (facere)	machen	Manufaktur

frat (frater)	Bruder	Fraternität
geo	Erde	Geologie
graph	schreiben	Kalligraphie
lok (locus)	Ort	Lokal
loqu (loqui)	sprechen	eloquent
luc (lux)	Licht	illuminieren
man (manus)	Hand	manuell, manipulieren
mit (mittere)	schicken/senden	Transmitter
mort (mors)	Tod	Mortalität
omni	all-	omnipotent
pat (pater)	Vater	Patriarchat
path	leiden, fühlen	Sympathie, Pathologie
ped (pes)	Fuß	Pedal
phobia	Angst	Claustrophobie
photo	Licht	Photographie
pneum	Luft, Atem, Geist	pneumatisch
pos, posit	Platz	Position
pot, poss	können	potentiell
rog (rogare)	fragen	Interrogativ
skrib, skrip (scribere)	schreiben	Skript
sent, sens (sentire)	fühlen	sentimental, sensibel
sol	allein	Solist, isoliert
soph	weise	Philosoph
spekt (spicere)	sehen	Inspektion
spir (spirare)	atmen	Inspiration
therm (thermos)	warm	Thermometer
utilis	nützlich	Utilitarismus
ven, (venire)	kommen, ankommen	Advent
vert, vers (vertere)	zurück	Revers
vis (videre)	sehen	Vision

14 Sprachen

50 Prozent aller gesprochenen Sprachen bestehen aus nur 100 Schlüsselwörtern. Aus diesem Grund enthält Power *Brain: Das Tony-Buzan-Training* die einhundert Schlüsselwörter von sieben der gebräuchlichsten Sprachen.

Wenn sie das SEM^3 für Sprachen einsetzen wollen, brauchen Sie nur eine Zeile der Tausender-Matrix, z.B. 5.000 bis 5.999, zu belegen und die bereits bekannten Gedächtnisprinzipien anzuwenden.

Nehmen wir z.B. an, Sie möchten nach Italien reisen und die ersten 100 Wörter des italienischen Vokabulars lernen. Wenn Sie in Ihrer Gedächtnismatrix die Zeile 5.000 – Fühlen – benutzen würden, und sich das dritte Wort der Liste merken wollen, „tutto“, was „alles“ bedeutet, so würden Sie sich dazu das Schlüsselwort 5.003 vorstellen, einen wunderschönen Maitag, an dem die Frühlingssonne scheint. Sie spüren, wie die ersten warmen Sonnenstrahlen Ihre Haut erwärmen, und hören, wie alle Ihre Nachbarn gleichzeitig in ihre Hörner „tuten“, um den Frühlung zu begrüßen. Sie spüren, wie die laute Musik in Ihnen vibriert.

Wenn Sie sich die Vokabeln auf diese Weise einprägen, merken Sie sich nicht nur die Wörter selbst, sondern Sie trainieren gleichzeitig Ihr Vorstellungsvermögen und Ihre Sinneswahrnehmung. Beides ist besonders beim Erlernen von Fremdsprachen wichtig.

Italienisch

	Deutsch	Italienisch	Italienische Aussprache
1	aber	ma	mah
2	alle, alles	tutti/tutto	tu´to
3	ander(e)	altro	ahl´troh
4	auch	anche	ang´ke
5	auf	su	suh
6	auf Wiedersehen	arrivederci	ar-ri´ve-der´tschi
7	aus	di/da	dih/dah
8	benutzen (ich benutze)	io uso	joh juh-soh
9	bevor	prima	prih'mah
10	bitte	per favore	per fah-woh´re
11	da ist, da sind	c'è, ci sono	tschäh, tschi soh-noh
12	danke	grazie	grah´tsie
13	dann	allora	ahl-loh´rah
14	das	questo/quello	kwee´stoh/kwell´loh
15	das-, der-, die-selbe	il/la medesimo/a	ihl/lah meh-de´sihmo/a
16	dein	il tuo, la tua	ihl tuh´oh, lah tuh´ah
17	denken (ich denke)	io penso	joh pen-soh
18	der, die	il, la	ihl, lah
19	dies	questo	kwess´toh
20	Ding	cosa	koh´sah
21	du	tu	tuh
22	eins	uno	uhn´oh
23	eins, einer, eine	un, una	uhn, uhna
24	entweder ... oder	o/o	oh/oh
25	er	lui	luh´ih
26	erste(r)	prima/o	Prih-mah/oh
27	erzählen (ich erzähle)	io racconto	joh rak-kohn´toh
28	fast	quasi	kwa´sih

29	finden (ich finde)	io trovo	joh troh-woh
30	Freund	amico	am-mi´koh
31	für	per	pär
32	gehen (ich gehe)	io vado	joh wah´doh
33	glücklich	felice	fe´lih´tscheh
34	groß	grande	grann´de
35	gut	buono	bu-oh´no
36	haben (ich habe)	io ho	joh ho
37	hallo	ciao	tschau
38	hier	qui	kwih
39	hoch	alto	ahlto
40	ich	io	joh
41	ich bin	sono	soh´noh
42	ihnen	li, le, loro	lih, lä, loh´roh
43	ihre	il loro, la loro	ihl loh´roh, lah loh´roh
44	immer	sempre	säm´prä
45	in	in	än
46	ja	sì	sih
47	jetzt	ora	oh´rah
48	klein	piccolo	pih´kkoloh
49	kommen (ich komme)	io vengo	joh ven´go
50	können (ich kann)	io posso	joh poss-oh
51	letzte(r)	scorsa/o	skorr-sah/oh
52	lieben (ich liebe)	io amo	joh am´oh
53	machen (ich mache)	io faccio	joh fas´tschoh
54	manche(r)	qualcuno	kwahl´kuhnoh
55	manchmal	tavolta	tah-woll´tah
56	mehr	più	pih´juh
57	mein	mio	mi´joh
58	meiste(n)	il piu	ihl Pi´juh
59	Mensch(en)	uomo/uomini	uohmoh/uohminih
60	mir	mi	mi
61	mit	con	konn
62	mögen (ich mag)	mi piace	mih pija´tsche
63	nach	dopo	dohpoh

64	nein	no	noh
65	neu	nuovo	nu-oh´woh
66	nicht	non	nonn
67	noch	ancora	ang´koh-rah
68	nur	solo	soh´loh
69	oder	o	oh
70	oft	spesso	spess´soh
71	Ort	luogo	luh-oh´goh
72	sehen (ich sehe)	io vedo	joh weh-doh
73	sehr	molto	moll´toh
74	sie (Sg.)	lei	lä´ih
75	sie (Pl.)	loro	loh´roh
76	so	così	koh´sih
77	solche	tale	tah´lä
78	über	sopra	sohprah
79	und	e	eh
80	uns	noi	no´ih
81	unser	il nostro	ihl noss´troh
82	unter	sotto	sohtto
83	viel	molto	moll´toh
84	viele	molti	moll´tih
85	von (woher)	da	dah
86	von (wem)	di	dih
87	wann	quando	kwan´doh
88	warum	perché	pähr-käh
89	was	come	koh´mä
90	weil	perché	pär´keh
91	welche(r)	quale	kwah´lä
92	wenn	se	säi
93	wer	chi	kih
94	wie	come	koh´mä
95	wieder	di nuovo	dih nuo´wo
96	wir	noi	no´ih
97	wissen (ich weiß)	io conosco	joh koh-noh-schoh
98	wo	dove	doh´wä
99	Zeit	ora/tempo	oh´rah/tehmpo
100	zu	per	pär

Französisch

	Deutsch	Französisch	Französische Aussprache
1	aber	mais	mäh
2	alle, alles	tout, toute	tu, tut
3	ander(e)	autre	oh´tr
4	auch	aussi	oh´si
5	auf	sur	sühr
6	auf Wiedersehen	au revoir	oh-re´wuar
7	aus	de	dö
8	benutzen (ich benutze)	j'utilise	*juh´tih´lihs
9	bevor	avant	a´wo(n)
10	bitte	s'il vous plaît	sihl wuh plä
11	da ist, da sind	il y a	ihl lih ja
12	danke	merci	märsi
13	dann	alors	ah-loh´r
14	das	le, la	lö, la
15	das-, der-, dieselbe	même	mähm
16	dein	ton, tes, votre, vos	to(n), tee, wott´r, woh
17	denken (ich denke)	je pense	*jö po(n)s
18	der, die	le, la	lö, la
19	dies	ce, cette	sö, sätt
20	Ding	chose	sch´ohs
21	du, ihr	tu, vous	tüh, wuh
22	eins	un, une	ö(n), ühn
23	eins, einer, eine	un, une	ö(n), ühn
24	entweder ... oder	ou/ou	uh/uh
25	er	il	ihl
26	erste(r)	premier	pre´mjeh
27	erzählen (ich erzähle)	je dis	*jö dih

28	fast	presque	präss´ke
29	finden (ich finde)	je trouve	*jö truhw
30	Freund	ami, amie	am´ih, am´ih
31	für	pour	puhr
32	gehen (ich gehe)	je vais	*jö wäh
33	glücklich	content, contente	ko(n)´to(n), ko(n)´to(n)t
34	groß	grand, grande	gro(n), gro(n)d
35	gut	bien	bije(n)
36	haben (ich habe)	j'ai	*jäh
37	hallo	bonjour	bo(n)´schuhr
38	hier	içi	ih´sih
39	hoch	en haut	o(n) oh
40	ich	je	*jö
41	ich bin	je suis	*jö süi
42	ihnen	les	leh
43	ihre	leur	lör
44	immer	toujours	tuh`schuhr
45	in	dans	do(n)
46	ja	oui	uih
47	jetzt	maintenant	mä(n)`te`no(n)
48	klein	petit, petite	pötih, pötiht
49	kommen (ich komme)	je viens	*jö wijä(n)
50	können (ich kann)	je peut	*jö pöh
51	letzte(r)	dernier	där´njeh
52	liebe (ich liebe)	j'aime	*jähm
53	machen (ich mache)	je fais	*jö fäh
54	manche(r)	quelque	kälke
55	manchmal	quelquefois	käl´ke fua
56	mehr	plus	plüh
57	mein	mon, ma	mo(n), ma
58	meiste(n)	la plupart	la pluh`par
59	Menschen	les gens	leh *jo(n)
60	mir	moi	mua
61	mit	avec	a´weck

62	mögen (ich mag)	j'aime	*jähm
63	nach	après	a´präh
64	nein	non	no(n)
65	neu	nouveau, nouvelle	nu´woh, nu´well
66	nicht	ne pas	nö pah
67	noch	encore	o(n)`kor
68	nur	seulement	sölmo(n)
69	oder	ou	uh
70	oft	souvent	suh`wo(n)
71	Ort	place	plass
72	sehen (ich sehe)	je vois	*jö wua
73	sehr	très	trä
74	sie Sg.	elle	ell
75	sie Pl.	ils, elles	ihl, ell
76	so	donc	do(n)k
77	solche	tel	tell
78	über	pardessus	par´de´ssuh
79	und	et	eh
80	uns	nous	nuh
81	unser	notre	nottr
82	unter	sous	suh
83	viel	beaucoup	boh`kuh
84	viele	beaucoup	boh`kuh
85	von woher	de	dö
86	von wem	de	dö
87	wann	quand	ko(n)
88	warum	pourquoi	puhr kwa
89	was	que	kö
90	weil	parce que	pahrs´kö
91	welche(r)	quel, quelle	kell, kell
92	wenn	si	sih
93	wer	qui	kih
94	wie	comment	komm´o(n)
95	wieder	encore	o(n)kor
96	wir	nous	nuh
97	wissen (ich weiß)	je sais	*jö sä

98	wo	où	uh
99	Zeit	temps	to(n)
100	zu	à	a

*= ch wie in Branche, (n)= nasales „n“

Englisch

	Deutsch	Englisch	Englische Aussprache
1	aber	but	batt
2	alle, alles	all	ahl
3	ander(e)	other	ather
4	auch	also	ahlsou
5	auf	on	onn
6	auf Wiedersehen	goodbye	guddbai
7	aus	from	fromm
8	benutzen (ich benutze)	I use	ai juhs
9	bevor	before	bifohr
10	bitte	please	plihs
11	da ist, da sind	there is, there are	thähr is, thähr ahr
12	danke	thank you	*thänk juh
13	dann	then	thänn
14	das	the	thi (kurzes i)
15	das-, der-, die-selbe	same	säim
16	dein	your	juhr
17	denken (ich denke)	I think	ai think
18	der, die	the	thi (kurzes i)
19	dies	this	thiss
20	Ding	thing	*thinng
21	du, ihr	you	juh
22	eins	one	uan

23	eins, einer, eine	a, an	a, an (kurz)
24	entweder ... oder	either/or	aither or
25	er	he	hih
26	erste(r)	first	först
27	erzählen (ich erzähle)	I tell	ai tell
28	fast	almost	olmoust
29	finden (ich finde)	I find	ai faind
30	Freund	friend	frennd
31	für	for	for
32	gehen (ich gehe)	I go	ai gou
33	glücklich	happy	häppi
34	groß	big	bigg
35	gut	good	gudd
36	haben (ich habe)	I have	ai häw
37	hallo	hello	hello
38	hier	here	hier
39	hoch	up	ap
40	ich	I	ai
41	ich bin	I am	ai äm
42	ihnen	them	thämm
43	ihr(e)	their	thähr
44	immer	always	ahluäis
45	in	in	in
46	ja	yes	jäss
47	jetzt	now	nau
48	klein	little	littel
49	kommen (ich komme)	I come	ai kamm
50	können (ich kann)	I can	ai kähn
51	letzte(r)	last	lahst
52	liebe (ich liebe)	I love	ai lahw
53	machen (ich mache)	I make	ai mäik
54	etwas/manche(r)	some	samm
55	manchmal	sometimes	sammtaims
56	mehr	more	mor

57	mein	my	mai
58	meiste(n)	most	moust
59	Leute	people	Pihpel
60	mir/mich	me	mih
61	mit	with	uith
62	mögen (ich mag)	I like	ai laik
63	nach	after	ahfter
64	nein	no	nou
65	neu	new	njuh
66	nicht	not	nott
67	noch	still	still
68	nur	only	ounlih
69	oder	or	or
70	oft	often	off(t)en
71	Ort	place	pläis
72	sehen (ich sehe)	I see	ai sih
73	sehr	very	wäri
74	sie Sg.	she	schih
75	sie Pl.	they	thäih
76	so	so	sou
77	solche	such	satsch
78	über	over	ouwer
79	und	and	ähnd
80	uns	us	ass
81	unser	our	auer
82	unter	under	ander
83	viel	much	matsch
84	viele	many	männi
85	von (woher)	from	fromm
86	von (wem)	of	off
87	wann	when	uänn
88	warum	why	uaih
89	was	what	uatt
90	weil	because	bihkohs
91	welche(r)	which	witsch
92	wenn	if	iff
93	wer	who	huh

94	wie	how	hau
95	wieder	again	agänn
96	wir	we	wih
97	wissen (ich weiß)	I know	ai nou
98	wo	where	uähr
99	Zeit	time	taim
100	zu/nach	to	tu

th=wie in that, *th= wie in three, das englische „a“ wird wie eine Mischung aus „a“ und „o“ gesprochen, wie in „ball“

Spanisch

	Deutsch	**Spanisch**	**Spanische Aussprache**
1	aber	pero	päh`roh
2	alle, alles	todo	to´do
3	ander(e)	otro	o´ttro
4	auch	también	tamm`bjenn
5	auf	sobre	so´bre
6	auf Wiedersehen	adiós	ah´dioss
7	aus	fuera	fu´ära
8	benutzen (ich benutze)	uso	uh´soh
9	bevor	ante	annte
10	bitte	por favor	pohr fa´wor
11	da ist, da sind	hay	ai
12	danke	gracias	gra´thjas
13	dann	luego	lueh`goh
14	das	ese	eh´seh
15	das-, der-, die-selbe	mismo	miss`mo
16	dein	suyo	su´joh
17	denken (ich denke)	pienso	pjenn-soh
18	der, die	el, la lo	ell, lah, loh

19	dies	este, esta	es´te, es´ta
20	Ding	cosa	koh´sa
21	du, ihr	tu	tuh
22	eins	uno	uhno
23	eins, einer, eine	un, uno, una	uhn, uhno, uhna
24	entweder ... oder	o/o	oh/oh
25	er	el	ell
26	erste(r)	primero	prih-meh´roh
27	erzählen (ich erzähle)	digo	dih´goh
28	fast	casi	ka´sih
29	finden (ich finde)	encuentro	en-kwenn´troh
30	Freund	amigo	ami`go
31	für	por	pohr
32	gehen (ich gehe)	voy	woi
33	glücklich	contento	konn´tenn´toh
34	groß	grande	grann´de
35	gut	bueno	buenno
36	haben (ich habe)	tengo	tänn-go
37	hallo	Buenas dias	buenn´nass dih´jass
38	hier	aqui	ah-kwih
39	hoch	arriba	ah-rih´ba
40	ich	yo	joh
41	ich bin	soy	seu
42	ihnen	los, las, les	loss, lass, lehs
43	ihr(e)	su, sus	suh, suhs
44	immer	siempre	sjem´präi
45	in	en	enn
46	ja	si	sih
47	jetzt	ahora	a-ohra
48	klein/bißchen	poco	pocko
49	kommen (ich komme)	vengo	we(n)`go
50	können (ich kann)	puedo	puäh`doh
51	letzte(r)	ultimo	ul´tih-moh
52	liebe (ich liebe)	amo	amo

53	machen (ich mache)	hago	ah´goh
54	etwas/manche(r)	algun	al-guhn
55	manchmal	alguna vez	al-guh´na weeth
56	mehr	más	mass
57	mein	mi	mi
58	meiste(n)	lo más	loh mass
59	Menschen/Leute	gente	chän´te
60	mir/mich	me	me
61	mit	con	kon
62	mögen (ich mag)	gusto	guss-toh
63	nach	después	däs´puäs
64	nein	no	no
65	neu	nuevo	nue`wo
66	nicht	no	no
67	noch	siempre	sjem´präi
68	nur	solo	so´lo
69	oder	o	o
70	oft	frequentemente	fre-kwen´te´-men´te
71	Ort	lugar	lu´gar
72	sehen (ich sehe)	veo	wäjo
73	sehr	muy	muj
74	sie Sg.	ella	el`la
75	sie Pl.	ellos, ellas	el´los, el´las
76	so	asi	ah´sih
77	solche	tal	tall
78	über	sobre	so´bre
79	und	y	ich
80	uns	nos	nos
81	unser	nuestro	nu`ästro
82	unter	debajo	de-bacho
83	viel	mucho	muh`tscho
84	viele	muchos	muh`tschos
85	von (woher)	de	de
86	von (wem)	de	de
87	wann	cuando	kwando

88	warum	porque	por´keh
89	was	lo que	lo keh
90	weil	porque	por´keh
91	welche(r)	que	keh
92	wenn	si	sih
93	wer	quién	kih´en
94	wie	cómo	koh`moh
95	wieder	de nuevo	de nuä`wo
96	wir	nosotros	nos´otros
97	wissen (ich weiß)	sabo	sa-boh
98	wo	donde	donn´de
99	Zeit	tiempo	tjem´poh
100	zu/nach	a	a

Russisch

	Deutsch	Russisch	Russische Aussprache
1	aber	no	no
2	alle, alles	vse	fsjo
3	ander(e)	drugoi	druh-goi
4	auch	tozhe	tosch*e
5	auf	na	nah
6	auf Wiedersehen	do svidaniya	doh-swi-dan´jah
7	aus	ot	oht
8	benutzen (ich benutze)	ya ispolzuyu	jah is-pol´suh-juh
9	bevor	do	doh
10	bitte	pozhaluista	pah-schahl´sta
11	da ist, da sind	est	jest
12	danke	spasibo	spa-sih´bah
13	dann	togda	tagg-dah
14	das	etot	ät´toh
15	das-, der-, die-selbe	samyi	sahm´uij

16	dein/Ihr	tvoj/vash	twoi/wasch
17	denken (ich denke)	ya dumayu	jah duh´mah-ju
18	der, die	etot/eta	ät´ot / ätah
19	dies	etot	ät´to
20	Ding	predmet	prjed-mjet´
21	du, Ihr	ti, vyi	tui, wuih
22	eins	odin	ah-dihn
23	eins, einer, eine	-	-
24	entweder ... oder	ili/ili	ih´li/ih´li
25	er	on	onn
26	erste(r)	pervyi	pjähr´vui
27	erzählen/sagen (ich erzähle/sage)	ya govarju	ja gawarju
28	fast	pochti	pahch-tih
29	finden (ich finde)	ya naidu	jah naih-duh
30	Freund	dryg	drug
31	für	dlya	dlja
32	gehen (ich gehe)	ya idu	jah ihduh
33	glücklich	schastlivyi	schahst-lih´wui
34	groß	bolshoi	bahl-schoj
35	gut	khorosho	cha-ra-schoh
36	haben (ich habe)	ya imeyu	jah im-ej`juh
37	hallo	sdravstvuite	sdrawst´wui-tje
38	hier	zdes	sdjes
39	hoch	naverkh	nah-währch
40	ich	ya	jah
41	ich bin	ya	jah
42	ihnen	ihm	ihm
43	ihr(e)	ikh	ich
44	immer	vsegda	fsjeg-da´
45	in	v	v
46	ja	da	da
47	jetzt	teper	tje-pjehr´
48	klein/bißchen	malnkii	ma´len-kih
49	kommen (ich komme)	ya pridu	jah prih-duh

50	können (ich kann)	ya mogu	jah moh-guh
51	letzte(r)	poslednii	pah´slje´dnih
52	liebe (ich liebe)	ya lyublyu	jah ljuhb-ljuh´
53	machen (ich mache)	ya delayu	ya djehla´juh
54	etwas/manche(r)	nekotoryi	nje´kuh-to-ruih
55	manchmal	inogda	ih-nohg-dah
56	mehr	bolshe	bol´sche
57	mein	moi	moj
58	meiste(n)	nai-bolshii	naj-bol´sche
59	Menschen/Leute	lyudi	ljuh´dih
60	mir/mich	menya	min-jah
61	mit	s	s
62	mögen (ich mag)	mne nravitsya	mnje nravitza
63	nach	posle	posle
64	nein	net	njet
65	neu	novyi	noh´wuih
66	nicht	net	nje
67	noch	eschcho	jesch-schoh
68	nur	tolko	tohl´koh
69	oder	ili	ih´li
70	oft	chasto	chah´sta
71	Ort	mesto	mjes´ta
72	sehen (ich sehe)	ya vizhu	jah wih´djuh
73	sehr	ochen	oh´tschen
74	sie Sg.	ona	ah-nah
75	sie Pl.	oni	ahn-nih
76	so	tak	tak
77	solche	takoi	tah-koi
78	über	nad	nad
79	und	i	i
80	uns	nam	nam
81	unser	nash	nahsch
82	unter	pod	pod
83	viel	mnogo	mnoh´ga
84	viele	mnogo	mnoh´ga
85	von (woher)	iz	ihs

86	von (wem)	ot	ot
87	wann	kogda	kag-dah
88	warum	pochemu	pah-tsche-muh´
89	was	chto	schtoh
90	weil	potomu chto	pa-ta-muh´schta
91	welche(r)	kakoi	kah-koi´
92	wenn	esli	je´sli
93	wer	kto	ktoh
94	wie	kak	kack
95	wieder	eshche	jesch´scho
96	wir	myi	muih
97	wissen (ich weiß)	ya znayu	jah sna´juh
98	wo	gde	gdje
99	Zeit	vremya	wrje´mjah
100	zu/nach	na	nah

*sch= wird stimmhaft ausgesprochen, wie in dem Wort „beige“, ch= wie im dem Wort „acht”

Chinesisch

	Deutsch	**Chinesisch**	**Chinesische Aussprache**
1	aber	ke shi	ke schih
2	alle, alles	dou	duh
3	ander(e)	bie de	bije de
4	auch	hai	hei
5	auf	shang	schang
6	auf Wiedersehen	zai jian	dchih jien
7	aus	wai	wie
8	benutzen (ich benutze)	wo yong	wuh jung
9	bevor	yi gian	jitschjen
10	bitte	qing	king
11	da ist, da sind	you	juh

12	danke	xie xie	tsi tsi
13	dann	ran hou	ran hau
14	das	na ge	nah ge
15	das-, der-, die-selbe	tong	tang
16	dein	ni de	nih de
17	denken (ich denke)	xiang	tsiang
18	der, die	-	-
19	dies	thei ge	dschai ge
20	Ding	dong xi	dang sih
21	du, ihr	ni	ni
22	eins	yi	jih
23	ein, einer, eine	yi, ge	jih, ge
24	entweder ... oder	huo zhe	huoh tsche
25	er	ta	tah
26	erste(r)	di yi	dih ich
27	erzählen (ich erzähle)	wo gao su	woh gau suh
28	fast	cha bu duo	tschah buh duo
29	finden (ich finde)	wo zhao dao	wuh jau dao
30	Freund	peng you	bang juh
31	für	wie	wie
32	gehen (ich gehe)	wo yu	wuh kju
33	glücklich	gao xing	gau sing
34	groß	da	dah
35	gut	hao	hau
36	haben (ich habe)	wo you	wuh juh
37	hallo	ni hao	nih au
38	hier	zhe li	dsche lih
39	hoch	shang	schang
40	ich	wo	woh
41	ich bin	wo shi	woh schih
42	ihnen	ta men de	tah min
43	ihr(e)	ta men de	tah min deh
44	immer	yong yuan	jang juan
45	in	li	lih

46	ja	shi	schi
47	jetzt	xian zai	tsian tsih
48	klein/bißchen	xiao	tsiau
49	kommen (ich komme)	wo lai	woh laih
50	können (ich kann)	ke yi	ki jih
51	letzte(r)	zui hou	dzui hou
52	liebe (ich liebe)	wo ai	wuh ei
53	machen (ich mache)	wo zhi zao	wo dschih dsau
54	etwas/manche(r)	yi xie	ji sje
55	manchmal	you shi huo	juh schih huo
56	mehr	geng duo de	geng duo de
57	mein	wo de	woh de
58	meiste(n)	zui duo	dzui duo
59	Menschen/Leute	ren min	ren min
60	mir/mich	wo	wuh
61	mit	tong	tong
62	mögen (ich mag)	wo xi huan	wuh sih huan
63	nach	guo le	guo le
64	nein	bu	buh
65	neu	xin	sin
66	nicht	bu shi	buh schih
67	noch	hai	hei
68	nur	zhi	dschih
69	oder	huo zhe	huo dscheh
70	oft	jing chang	jing tschang
71	Ort	di fang	dih fang
72	sehen (ich sehe)	wo kann jian	wuh kann jian
73	sehr	hen	hin
74	sie Sg.	ta	tah
75	sie Pl.	ta men de	tah min
76	so	suo yi	suo ji
77	solche	na me	nah meh
78	über	shang	schang
79	und	he	he
80	uns	wo men	woh min

81	unser	wo men	wuh min
82	unter	xia	tsiah
83	viel	duo	duo
84	viele	duo	duo
85	von (woher)	cong	zong
86	von (wem)	de	de
87	wann	shen me shi hou	schen me schi hau
88	warum	wie shi me	wai shih me
89	was	shen me	schen me
90	weil	yin wai	jin wai
91	welche(r)	nei ge	nei ge
92	wenn	ru guo	rruh guo
93	wer	shei	schai
94	wie	zen me	dzen me
95	wieder	you	juh
96	wir	wo men	wuh min
97	wissen (ich weiß)	wo zhi dao	wuh dschir dau
98	wo	zai nar	tsei na
99	Zeit	shi jian	schi jin
100	zu/nach	dao	dau

Japanisch

	Deutsch	**Japanisch**	**Japanische Aussprache**
1	aber	keredomo	keh-eh-doh-moh
2	alle, alles	minna	min-nah
3	ander(e)	hoka	hoh-kah
4	auch	mata	mah-ta
5	auf	ue	uh-ih
6	auf Wiedersehen	sayonara	sah-joh-nah-dah
7	aus	soto	sohtoh
8	benutzen (ich benutze)	tsukau	tsuh-kah-uh

9	bevor	mae ni	mah-eh nih
10	bitte	kudasai	kuh-dah-sah-ji
11	da ist, da sind	soko desu	soh-koh dess
12	danke	arigato	ah-rih-gah-toh
13	dann	dewa	deh-wah
14	das	sono	soh-noh
15	das-, der-, die-selbe	onaji	oh-noh-jih
16	dein	anata no	ah-nah-tah noh
17	denken (ich denke)	omou	oh-moh-uh
18	der, die	sono	soh-noh
19	dies	kono	koh-noh
20	Ding	mono	moh-noh
21	du, ihr	anata	ah-nah-tah
22	eins	ichi	ihh-
23	ein, einer, eine	hitotus no	hih-tuh-tsuh nuh
24	entweder ... oder	ka	kah
25	er	kare	kah-deh
26	erste(r)	hajime	hah-dschih-meh
27	erzählen (ich erzähle)	iiamasu	jii´mass
28	fast	hotondo	huh-tohn-duh
29	finden (ich finde)	mitsukeru	mih-tsuh-keh-duh
30	Freund	tomodachi	tomo-dah´tschih
31	für	tamini	tah-mih-nih
32	gehen (ich gehe)	ikimasu	ikki´mass
33	glücklich	shiawase	schihá-wah´sä
34	groß	okii	oh-kih
35	gut	ii	ih
36	haben (ich habe)	motte imasu	moht-teh ich-mahss
37	hallo	konnichi wa	kohn-neh-tschih-wah
38	hier	koko	koh-koh
39	hoch	ue	uh-eh
40	ich	watashi	wah-tah-shee
41	ich bin	watashi wa	wah-tah-shee wa

42	ihnen	karera no	kah-deh-dah noh
43	ihr(e)	karera no	kah-deh-dah noh
44	immer	itsumo	ich-tsuh-moh
45	in	ni	nih
46	ja	hai	hei
47	jetzt	ima	ich-mah
48	klein/bißchen	chiisai	tschih-sah-ich
49	kommen (ich komme)	kuru	kuh-duh
50	können (ich kann)	dekiro	deh-kih-doh
51	letzte(r)	owari	oh-wah-dih
52	liebe (ich liebe)	sukidesu	suh´kih-dess´uh
53	machen (ich mache)	shitemasu	schih´tih-mass´uh
54	etwas/manche(r)	ikuraka	ih-kuh-dah-kah
55	manchmal	tokidoki	toh-kih-doh-kih
56	mehr	motto	moht-toh
57	mein	watashi no	wah-tah-shi-noh
58	meiste(n)	ichidan	ich-tschih-dahn
59	Menschen/Leute	hitobito	hih-toh-bih-toh
60	mir/mich	watashi ni	wah-tah-schih nih
61	mit	dewa	den
62	mögen (ich mag)	suki	suh-kih
63	nach	atode	ah-tuh-deh
64	nein	lie	jih-ich
65	neu	atarashii	ah-tah-dah-schih
66	nicht	shinai	shih-nah-ji
67	noch	mada	mah-dah
68	nur	tatta	taht-tah
69	oder	ka	kah
70	oft	tabitabi	tah-bih-tah-bih
71	Ort	tokoro	toh-koh-doh
72	sehen (ich sehe)	mimasu	mih-mahss
73	sehr	taihen	tei-hehn
74	sie Sg.	kanojo	kah-noh-joh
75	sie Pl.	karera no	kah-deh-dah
76	so	so	soh

77	solche	sonna	sohn-nah
78	über	ue	uh-eh
79	und	soshite	soh-shih-teh
80	uns	wareware ni	wah-deh-wah-deh nih
81	unser	watatshitachi no	wah-tah-schih-tah-schih noh
82	unter	shita	sheh-tah
83	viel	takusan	tah-kuh-sahn
84	viele	takusan	tah-kuh-sahn
85	von (woher)	kara	kah-dah
86	von (wem)	no	noh
87	wann	itsumo	ih-tsuh
88	warum	naze	nah´seh
89	was	nani	nah-nih
90	weil	node	noh-deh
91	welche(r)	dore	do´re
92	wenn	moshi	moh-schih
93	wer	donata	do´nah´ta
94	wie	doshite	doh´schtei
95	wieder	mata	mah-tah
96	wir	watashitachi	wah-tah-schih-tah-schih
97	wissen (ich weiß)	shitte imasu	shit-teh ich-mahss
98	wo	doko	doh-koh
99	Zeit	jikan	jih-kahn
100	zu/nach	ni	nih

15 Länder/Hauptstädte

Wenn Sie regelmäßig Nachrichten sehen oder hören oder eine Tageszeitung abonniert haben, dann hören oder lesen Sie eigentlich täglich etwas über die Hauptstädte der Welt. Obwohl dieses Wissen uns eigentlich recht „vertraut" ist, können die meisten Menschen lediglich zehn Länder mit ihren Hauptstädten benennen und wissen kaum, wo diese Länder liegen.

Der Grund für diese Unwissenheit ist wieder der Teufelskreis: Je mehr Wissen Sie vergessen haben, desto schneller wird Ihr Gehirn angesichts der Bombardierung mit neuen Informationen verwirrt, desto weniger wird behalten, und desto mehr von dem ursprünglich vorhandenen Wissen wird wiederum vergessen.

Wenn Sie sich alle Länder mit den dazugehörigen Hauptstädten merken, werden Sie feststellen, daß Sie um so mehr über diese Länder wissen, je mehr Sie darüber lesen, hören oder sehen.

In weniger als einem Jahr werden Sie die Lage der Länder und ihrer Hauptstädte in der ganzen Welt kennen und wissen, welche Ereignisse sich dort abspielen oder abgespielt haben. Nur einer von 1 Million Menschen hat dieses Wissen.

	Land	**Hauptstadt**
1	Ägypten	Kairo
2	Äquatorialguinea	Malabo
3	Äthiopien	Addis Abeba
4	Afghanistan	Kabul
5	Albanien	Tirana
6	Algerien	Algier
7	Andorra	Andorra la Vella
8	Angola	Luanda
9	Antigua & Barbuda	Saint John's
10	Argentinien	Buenos Aires
11	Armenien	Jerewan

12	Australien	Canberra
14	Aserbaidschan	Baku
15	Bahamas	Nassau
16	Bahrain	Al Manama
17	Bangladesch	Dhaka
18	Barbados	Bridgetown
20	Belgien	Brüssel
21	Belize	Belmopan
22	Benin	Porto-Novo
23	Bhutan	Thimbu
24	Bolivien	Sucre
25	Bosnien & Herzegowina	Sarajevo
26	Botswana	Gaborone
27	Brasilien	Brasilia
28	Brunei	Bandr Seri Begawan
29	Bulgarien	Sofia
30	Bundesrepublik Deutschland	Berlin
31	Burkina Faso	Ouagadougou
32	Burma (Birma)	Rangun
33	Burundi	Bujumbura
34	Chile	Santiago
35	China	Peking
36	Costa Rica	San José
37	Dänemark	Kopenhagen
38	Dschibuti	Dschibuti
39	Dominica	Roseau
40	Dominikanische Republik	Santo Domingo
41	Ecuador	Quito
42	El Salvador	San Salvador
43	Elfenbeinküste	Yamoussoukro
44	Eritrea	Asmara
45	Estland	Tallinn/Reval
46	Falkland Inseln	Stanley
47	Fidschi	Suva
48	Finnland	Helsinki
49	Frankreich	Paris
50	Französisch Guayana	Cayenne
51	Gabun	Libreville

52	Gambia	Banjul
53	Georgien	Tiflis
54	Ghana	Accra
55	Grenada	Saint George's
56	Griechenland	Athen
57	Großbritannien	London
58	Guatemala	Guatemala Stadt
59	Guinea	Conakry
60	Guinea-Bissau	Bissau
61	Guyana	Georgetown
62	Haiti	Port-au-Prince
63	Honduras	Tegucigalpa
64	Indien	Neu Delhi
65	Indonesien	Jakarta
66	Iran	Teheran
67	Irak	Bagdad
68	Irland	Dublin
69	Island	Reykjavík
70	Israel	Jerusalem
71	Italien	Rom
72	Jamaika	Kingston
73	Japan	Tokio
74	Jordanien	Amman
75	Jugoslawien	Belgrad
76	Kambodscha	Phnom Penh
77	Kamerun	Jaunde
78	Kanada	Ottawa
79	Kap Verde	Praia
80	Kasachstan	Astana
81	Kenia	Nairobi
82	Kiribati	Bairiki
83	Kuwait	Kuwait
84	Kirgisien	Bischkek
85	Kolumbien	Bogotá
86	Komoren	Moroni
87	Kongo (Brazzaville)	Brazzaville
88	Kongo (Kinshasa)	Kinshasa
89	Kroatien	Zagreb
90	Kuba	Havanna
91	Laos	Vientiane

92	Lettland	Riga
93	Libanon	Beirut
94	Lesotho	Maseru
95	Liberia	Monrovia
96	Libyen	Tripolis
97	Liechtenstein	Vaduz
98	Litauen	Wilna
99	Luxemburg	Luxemburg
100	Makedonien	Skopje
101	Madagaskar	Antananarivo
102	Malawi	Lilongwe
103	Malaysia	Kuala Lumpur
104	Malediven	Male
105	Mali	Bamako
106	Malta	Valletta
107	Marokko	Rabat
108	Marschallinseln	Dalap-Uliga-Darrit
109	Mauretanien	Nouakchott
110	Mauritius	Port Louis
111	Mexiko	Mexiko Stadt
112	Moldawien	Chisinau
113	Monaco	Monaco
114	Mongolei	Ulan-Bator
115	Moçambique	Maputo
116	Namibia	Windhuk
117	Nepal	Kathmandu
118	Neuseeland	Wellington
119	Nicaragua	Managua
120	Niederlande	Amsterdam
121	Niger	Niamey
122	Nigeria	Abuja
123	Nordkorea	Pjöngjang
124	Norwegen	Oslo
125	Österreich	Wien
126	Oman	Maskat
127	Pakistan	Islamabad
128	Palauinseln	Koror
129	Panama	Panama Stadt
130	Papua-Neuguinea	Port Moresby
131	Paraguay	Asunción

132	Peru	Lima
133	Philippinen	Manila
134	Polen	Warschau
135	Portugal	Lissabon
136	Puerto Rico	San Juan
137	Katar	Doha
138	Rumänien	Bukarest
139	Russland	Moskau
140	Rwanda (Ruanda)	Kigali
141	Salomoninseln	Honiara
142	Sambia	Lusaka
143	Samoa	Apia
144	San Marino	San Marino
145	São Tomé und Príncipe	São Tomé
146	Saudi Arabien	Riad
147	Schweden	Stockholm
148	Schweiz	Bern
149	Senegal	Dakar
150	Seychellen	Victoria
151	Sierra Leone	Freetown
152	Simbabwe	Harare
153	Singapur	Singapur
154	Slowakische Republik	Bratsilava
155	Slowenien	Ljubljana
156	Somalia	Mogadischu
157	Südafrika	Pretoria
158	Südkorea	Seoul
159	Spanien	Madrid
160	Sri Lanka	Colombo
161	St. Christopher & Nevis	Basseterre
162	St. Lucia	Castries
163	St. Vincent	Kingstown
164	Sudan	Khartum
165	Surinam	Paramaribo
166	Swasiland	Mbabane
167	Syrien	Damaskus
168	Tadschikistan	Duschanbe
169	Taiwan	Taipeh
170	Tansania	Dodoma
171	Thailand	Bangkok

172	Togo	Lomé
173	Tonga	Nuku'alofa
174	Trinidad und Tobago	Port-of-Spain
175	Tschad	N'Djamena
176	Tschechien	Prag
177	Tunesien	Tunis
178	Turkmenien	Aschchabad
179	Türkei	Ankara
180	Tuvalu	Funafuti
181	Uganda	Kampala
182	Ukraine	Kiew
183	Ungarn	Budapest
184	Uruguay	Montevideo
185	Usbekistan	Taschkent
186	Vanuatu	Port Vila
187	Venezuela	Caracas
188	Vereinigte Arabische Emirate	Abu Dhabi
189	Vereinigte Staaten von Amerika	Washington
190	Vietnam	Hanoi
191	Weißrußland	Minsk
192	Westsahara	El-Aaiún
193	Yemen	Sanna
194	Zentralafrikanische Republik	Bangui
195	Zypern	Nikosia

16 Deutsche Staatsoberhäupter ab dem Deutschen Reich (1871)

Für all diejenigen, die sich in irgendeiner Hinsicht für die deutsche Geschichte interessieren, bietet das Wissen über die zeitliche Zuordnung der Staatsoberhäupter und die Dauer ihrer Regierungszeit eine hervorragende Matrix, an die man viele andere Wissensbereiche „anhängen" kann. Dazu gehören z.B. gesellschaftliche, literarische, religiöse, musikalische, künstlerische und wissenschaftliche Entwicklungen.

Zum jetzigen Zeitpunkt sollten Ihre Fähigkeiten, mit dem SEM^3 umzugehen, bereits so ausgereift sein, daß Sie für das Einprägen dieser Menge an Geschichtsdaten (eine Aufgabe, die die meisten Geschichtsstudenten für schwierig halten) kaum länger als eine Stunde benötigen werden.

Deutschland: Könige, Kaiser, Kanzler 1871-1998[1]

	Dt. Reich	**Kaiser**
1.	1871-88	Wilhelm I.
2.	1888	Friedrich III.
3.	1888-1918	Wilhelm II.

	Dt. Reich	**Reichspräsidenten**
4.	1919-25	F. Ebert
5.	1925-34	P. v. Hindenburg
6.	1934-45	A. Hitler („Führer")
7.	1945	K. Dönitz

[1] Bis 1918 Deutsches Reich, 1919-33 Weimarer Republik, 1933-45 nationalsozialistische Diktatur, 1949-90 DDR, ab 1949 Bundesrepublik Deutschland

	Dt. Reich	Regierungschefs
8.	1871-90	O. v. Bismarck
9.	1890-94	G.L. Graf v. Caprivi
10.	1894-1900	C. zu Hohenlohe-Schillingsfürst
11.	1900-09	B. v. Bülow
12.	1909-17	T. v. Bethmann Hollweg
13.	1917	G. Michaelis
14.	1917-18	G. Graf Hertling
15.	1918	Prinz Max v. Baden
16.	1918	F. Ebert
17.	1919	P. Scheidemann
18.	1919-20	G. Bauer
19.	1920	H. Müller
20.	1920-21	K. Fehrenbach
21.	1921-22	J. Wirth
22.	1922-23	W. Cuno
23.	1923	G. Stresemann
24.	1923-25	W. Marx
25.	1925-26	H. Luther
26.	1926-28	W. Marx
27.	1928-30	H. Müller
28.	1930-32	H. Brüning
29.	1932	F. v. Papen
30.	1932-33	K. v. Schleicher
31.	1933-45	A. Hitler („Führer“)
32.	1945	J.L. Graf Schwerin v. Krosigk

	DDR	Staatsoberhäupter
33.	1949-60	W. Pieck
34.	1960-73	W. Ulbricht
35.	1973-76	W. Stoph
36.	1976-89	E. Honecker
37.	1989	E. Krenz
38.	1989-90	M. Gerlach
39.	1990	S. Bergmann-Pohl

	BRD	Bundespräsidenten
40.	1949-59	T. Heuss
41.	1959-69	H. Lübke
42.	1969-74	G. Heinemann
43.	1974-79	W. Scheel
44.	1979-84	K. Carstens
45.	1984-94	R. v. Weizsäcker
46.	seit 1994	R. Herzog

	BRD	Bundeskanzler
47.	1949-63	K. Adenauer
48.	1963-66	L. Erhard
49.	1966-69	K.G. Kiesinger
50.	1969-74	W. Brandt
51.	1974-82	H. Schmidt
52.	1982-98	H. Kohl
53.	seit 10/1998	G. Schröder

17 Der menschliche Körper – die Muskulatur

Wenn Sie sich die einzelnen Muskel einprägen, bekommen Sie einen besseren Überblick über Ihre Muskulatur und lernen die außergewöhnliche Komplexität dieses Systems schätzen. Sie können Ihren Körper gezielter trainieren, besser auf Verletzungen oder Krankheiten reagieren und werden die Leistungen der Menschen, die es zu sportlichen Höchstleistungen bringen, noch höher einschätzen.

Einige große Genies, wie z.B. Michelangelo und Leonardo da Vinci, verbrachten Jahre ihres Lebens damit, die Zusammenhänge und biophysischen Abläufe in unserem Körper zu erforschen.

Wenn Sie sich die Muskulatur mit Hilfe des SEM³ einprägen wollen, sollten Sie folgendermaßen vorgehen: Nehmen wir z.B. an, die erste Information, die Sie sich einprägen wollen, ist der erste Muskel am Kopf, der *Frontalis*. Diesen werden Sie mit der Zahl „1“ im Major-System in Verbindung bringen – *Tee*. Wie klingt das Wort *Frontalis?* Wie die „Front von Alice“? Falls Sie eine Alice kennen, stellen Sie sich diese Alice vor, ansonsten stellen Sie sich Alice im Wunderland vor. Vielleicht trägt sie in Ihrer Phantasie eine schneeweiße gestärkte Schürze und lange, gewellte, goldblonde Haare. Alices Kopf ist hohl und wie eine Tasse geformt, die Ohren bilden zwei Henkel. Nehmen wir an, Sie wollen diese Information in dem Abschnitt „Regenbogenfarben“ Ihres SEM³ abspeichern. Wir wählen die Farbe Gelb. Stellen Sie sich vor, wie Alice leicht den Kopf nach vorne neigt. Aus ihrem Kopf, dort wo der *Frontalis*-Muskel sitzt, tropft Tee und hinterläßt riesige gelbe Flecken auf ihrer schönen weißen Schürze. Wenn Sie sich dieses Bild genau einprägen, werden Sie sich für den Rest Ihres Lebens merken können, wo der *Frontalis*-Muskel liegt.

Probieren wir dasselbe noch mit einem anderen Muskel: *Orbicularis oculi*. Das hört sich ein bißchen an wie „Orbitcu-lar“ (ein römischer Gott des Haushalts) (Plural von „lar“

ist „lares"). Noahs Arche ist das Schlüsselwort für „2". Malen Sie sie in kräftigem Gelb an. Auf der einen Seite, in dunklerem Gelb, ist der Teil aufgemalt, in dem sich der *Orbicularis oculi* befindet. Ihre Arche steigt nun in den *Orbit* auf! Neben der *Kuh* sitzt ein merkwürdiges Pärchen, Zwillinge des römischen Gottes *lar (lares)* mit nur einem Auge *Oculus*. Das war doch ganz leicht, oder?

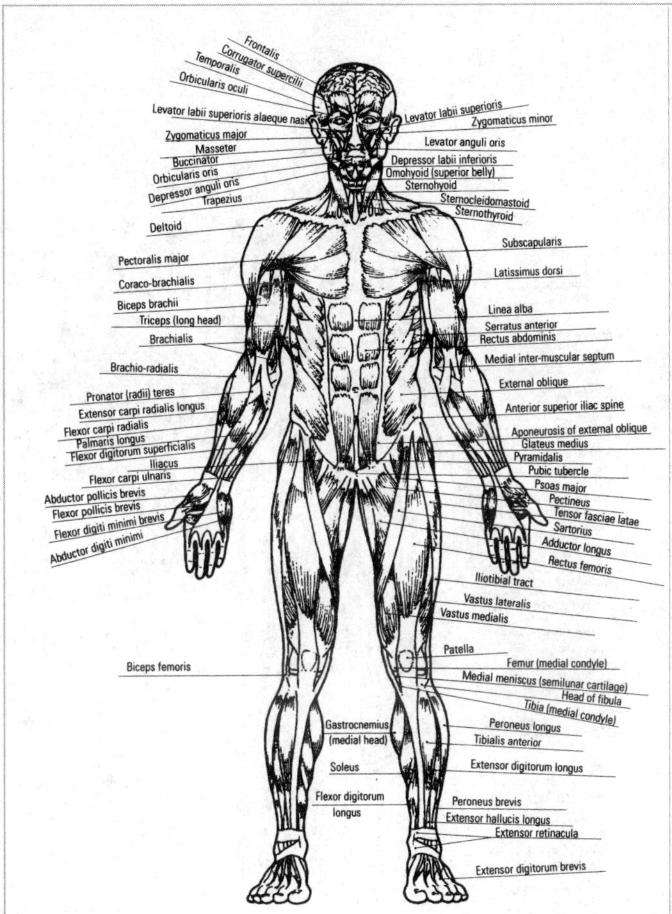
Frontalis
Corrugator supercilii
Temporalis
Orbicularis oculi
Levator labii superioris alaeque nasi
Zygomaticus major
Masseter
Buccinator
Orbicularis oris
Depressor anguli oris
Trapezius
Deltoid
Pectoralis major
Coraco-brachialis
Biceps brachii
Triceps (long head)
Brachialis
Brachio-radialis
Pronator (radii) teres
Extensor carpi radialis longus
Flexor carpi radialis
Palmaris longus
Flexor digitorum superficialis
Iliacus
Flexor carpi ulnaris
Abductor pollicis brevis
Flexor pollicis brevis
Flexor digiti minimi brevis
Abductor digiti minimi
Levator labii superioris
Zygomaticus minor
Levator anguli oris
Depressor labii inferioris
Omohyoid (superior belly)
Sternohyoid
Sternocleidomastoid
Sternothyroid
Subscapularis
Latissimus dorsi
Linea alba
Serratus anterior
Rectus abdominis
Medial inter-muscular septum
External oblique
Anterior superior iliac spine
Aponeurosis of external oblique
Glateus medius
Pyramidalis
Pubic tubercle
Psoas major
Pectineus
Tensor fasciae latae
Sartorius
Adductor longus
Rectus femoris
Iliotibial tract
Vastus lateralis
Vastus medialis
Patella
Femur (medial condyle)
Medial meniscus (semilunar cartilage)
Head of fibula
Tibia (medial condyle)
Peroneus longus
Tibialis anterior
Extensor digitorum longus
Peroneus brevis
Extensor hallucis longus
Extensor retinacula
Extensor digitorum brevis
Biceps femoris
Gastrocnemius
(medial head)
Soleus
Flexor digitorum
longus

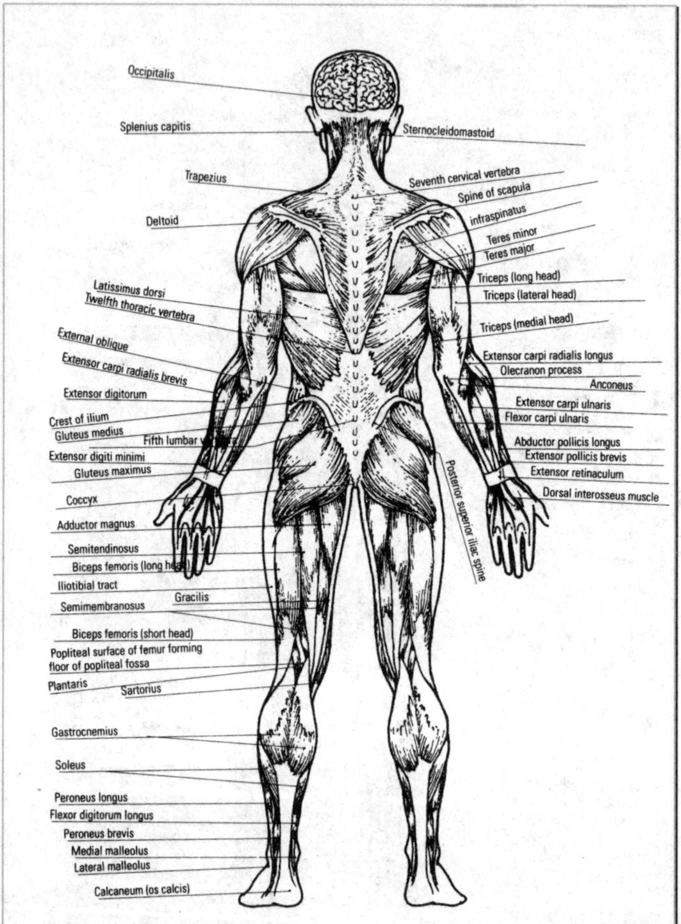
Occipitalis
Splenius capitis
Sternocleidomastoid
Trapezius
Seventh cervical vertebra
Spine of scapula
Deltoid
infraspinatus
Teres minor
Teres major
Triceps (long head)
Latissimus dorsi
Twelfth thoracic vertebra
Triceps (lateral head)
Triceps (medial head)
External oblique
Extensor carpi radialis brevis
Extensor carpi radialis longus
Olecranon process
Anconeus
Extensor digitorum
Extensor carpi ulnaris
Flexor carpi ulnaris
Crest of ilium
Gluteus medius
Fifth lumbar vertebra
Abductor pollicis longus
Extensor pollicis brevis
Extensor digiti minimi
Gluteus maximus
Extensor retinaculum
Dorsal interosseus muscle
Coccyx
Posterior superior iliac spine
Adductor magnus
Semitendinosus
Biceps femoris (long head)
Iliotibial tract
Gracilis
Semimembranosus
Biceps femoris (short head)
Popliteal surface of femur forming floor of popliteal fossa
Plantaris
Sartorius
Gastrocnemius
Soleus
Peroneus longus
Flexor digitorum longus
Peroneus brevis
Medial malleolus
Lateral malleolus
Calcaneum (os calcis)

18 Die chemischen Elemente

Wir selbst, unser Planet, unser Sonnensystem, ja, unser ganzes Universum bestehen hauptsächlich aus 105 Elementen oder „Grundbausteinen".

Die erstaunliche Komplexität der uns umgebenden Mikro- und Makrokosmen, läßt sich, wie eine Sprache, auf Grundbausteine reduzieren, die es uns erheblich leichter machen, die komplizierten Zusammenhänge zu verstehen und zu lernen.

Wenn Sie sich diese Elemente zu eigen gemacht haben und verstanden haben, wie sie zusammengehören, können Sie Ihre Fähigkeit, die Beziehungen und „Strukturen" auf diesem Gebiet zu verstehen, unbegrenzt erweitern.

Mit dem SEM^3 haben Sie die Möglichkeit, sich eine vollständige Basis für Ihr Wissen über die physikalischen, chemischen und biologischen Gegebenheiten um Sie herum anzulegen – eine Wissensbasis, über die die meisten Menschen – selbst nach vier Jahren intensiven Studierens – nicht verfügen.

Außerdem bildet dieses Wissen die Eckpfeiler für Antworten auf typische Kinderfragen: „Warum wird Wasser hart, wenn es kalt wird?", „Warum riechen und schmecken Sachen unterschiedlich?", „Warum schmecken Zucker und Salz ganz unterschiedlich, obwohl sie gleich aussehen?", „Warum muß ich essen?"

So, wie das SEM^3 dazu dient, Ihr Gedächtnis zu strukturieren, so fungiert die Matrix der chemischen Elemente als Master Matrix, um die Struktur und das Wesen des physikalischen Universums zu verstehen.

Die Namen der verschiedenen Familien oder Gruppen von Elementen lauten:

• Hydrogene	Hyd
• Edelgase	EdelG
• Alkalimetalle und Erdalkalimetalle	Erd-/AlkaliM
• Bor- und Kohlenstoff-Familien	B- u. C-Fam

- Stickstoff- und Sauerstoff-Familien — N- u. O-Fam
- Halogene — Halo
- Übergangsmetalle — ÜbgM
- Halbleiter Metalle — HalbL
- Metalle und Edelmetalle — Metalle bzw. EdelM
- Schwermetalle — SchwerM
- Lanthaniden (Seltene Erden) — Lant
- Actiniden — Actin

Ordgs.-zahl	Element	Symbol	Atom-gewicht	Familie
1	Wasserstoff (Hydrogenium)	H	1,008	Hyd

Von hydro und gen, wasserbildend; wurde 1766 entdeckt; ist das dritthäufigste und leichteste Element. Wasserstoff tritt auf der Erde praktisch nie unverbunden auf, aber die Sonne und andere Sterne bestehen fast aus reinem Wasserstoff. Die thermonukleare Fusion der Wasserstoffatome erleuchtet und erwärmt das Universum.

2	**Helium**	**He**	**4,0026**	**EdelG**

Von helios, Sonne; wurde 1868 entdeckt; fast sämtliche Heliumvorkommen in der Welt stammen aus natürlichen Gasquellen in Amerika. Eine Quelle in Arizona produziert ein Gas, das zu 8% aus Helium besteht. Es ist leichter als Luft und wird deshalb vor allem in Ballons anstelle des leicht entzündlichen Wasserstoffs verwendet.

3	**Lithium**	**Li**	**6,941**	**Erd-/AlkaliM**

Von lithos; wurde 1817 entdeckt; das leichteste feste Element. Lithium bildet in Verbindung mit Luft ein schwarzes Oxyd. Es wird für Keramik, in Legierungen und beim Bau der Wasserstoffbombe verwendet, außerdem zur Behandlung von Gichtkranken und manisch-depressiven Menschen.

4	Beryllium	Be	9,012	Erd-/AlkaliM

Benannt nach dem Mineral Beryl, in welchem es 1798 zum ersten Mal entdeckt wurde. Dieses Element bildet Legierungen, die sehr elastisch sind. Es wird deshalb vor allem in Getrieben, Federn und anderen Maschinenteilen verwendet. Aufgrund seines hohen Schmelzpunktes wird es für Hitzeschilde von Raketen eingesetzt.

5	Bor	B	10,811	B- u. C-Fam

Von Borax und Carbon; wurde 1808 entdeckt. Bor ist ein Nicht-Metall und tritt vor allem in Borax und Borsäure auf – das ist die Säure, die gut für die Augen ist. In der Industrie werden jährlich ungefähr eine Million Tonnen Bor verarbeitet. In der Landwirtschaft dient es sowohl als Dünger als auch als Unkrautvernichtungsmittel.

6	Kohlenstoff	C	12,011	B- u. C-Fam

Von carbo/Kohle; vorhistorisch. Kohlenstoff ist in seiner endlosen Vielfalt von Verbindungen eine unverzichtbare Quelle für Dinge unseres täglichen Lebens, wie z.B. Nylon, Benzin, Parfum, Plastik, Schuhcreme, DDT und TNT.

7	Stickstoff (Nitrogenium)	N	14,007	N- u. O-Fam

Von nitron und gen, stickstoffbildend; wurde 1772 entdeckt; 78% unserer Atemluft bestehen aus Stickstoff. Man kann dieses Gas aus der Atemluft herausfiltern – einige Produkte sind z.B. das narkotisierende „Lachgas“, Dünger, Aminosäuren – die Grundbausteine des Protein – oder explosive Stoffe, wie z.B. TNT

8	Sauerstoff (Oxygenium)	O	15,999	N- u. O-Fam

Von oxys und gen, säurebildend; wurde 1774 entdeckt; ist das am häufigsten vorkommende Element und macht etwa 50% aller auf der Erde befindlichen Stoffe aus und 21% der Atmosphäre. Zwei Drittel des menschlichen Körpers bestehen aus Sauerstoff. Tiere und Menschen atmen es ein, Pflanzen wandeln Stickstoff in Sauerstoff um.

9 Fluor F 18,998 Halo

Von fluor, Fluß; wurde 1771 entdeckt; Fluor ist das reaktionsfähigste Element; nur wenige Edelgase können ihm widerstehen. Es korrodiert Platin, ein Material, das fast allen anderen Chemikalien standhält. In einem Strom aus Fluorgas verbrennt Holz und Gummi sofort – und sogar Asbest beginnt zu glühen.

10 Neon Ne 20,183 EdelG

Von neos oder neu; wurde 1898 entdeckt. Das bekannteste Edelgas wird vor allem in der Lichtwerbung eingesetzt. Die bekannte „Neonreklame" besteht aus einem Vakuum-Glasrohr, das eine winzige Menge Neongas enthält; wenn elektrischer Strom hindurchgeleitet wird, verströmt die Röhre ein helles, orange-rotes Licht.

11 Natrium Na 22,990 Erd-/AlkaliM

Wurde 1807 entdeckt: sechsthäufigstes Element. Das metallische Natrium ist für die meisten Anwendungen des täglichen Lebens zu aggressiv. Es wird normalerweise in Paraffin gelagert. Zu seinen nützlichen Produkten gehören Tafelsalz, Backpulver, Borax und Laugen.

12 Magnesium Mg 24,3 Erd-/AlkaliM

Benannt nach Magnesia, einer Stadt im Altertum in Kleinasien; wurde 1775 entdeckt, achthäufigstes Element; verbrennt als Pulver oder Folie in Feuerwerkskörpern, Bomben und Blitzlichtbirnen. Es hat einen merkwürdigen biologischen Effekt: Magnesiummangel kann bei Menschen dieselben Symptome auslösen wie Alkoholismus, Delirium Tremens.

13 Aluminium Al 26,982 Metall

Von alumen; wurde 1827 entdeckt; das am häufigsten vorkommende Metall und das dritthäufigste Element. Die Verwendung reicht von der Zahnpastatube bis zu Flugzeugtragflächen. Aluminium kostete früher über 1.000 DM pro Kilogramm; heutzutage werden jährlich in Amerika über 1 Million Tonnen produziert für nur etwa 30 Pfennig pro Kilogramm.

14	**Silizium**	**Si**	**28,086**	**HalbL**

Von silex, Feuerstein; wurde 1823 entdeckt; das zweithäufigste Element – bildet ein Viertel der Erdoberfläche. Sand ist Siliziumdioxyd und wird zu Glas und Zement verarbeitet. Reines Silizium wird in der Halbleiterindustrie für die Herstellung der Speicherbausteine und Mikrochips verwendet (Wafer-Scheiben).

15	**Phosphor**	**P**	**30,974**	**B- u. C-Fam**

Von phosphorus, Lichtträger; wurde 1669 entdeckt; kommt hauptsächlich in drei Formen vor: weißer, roter, oder, seltener, schwarzer Phosphor. Der weiße Phosphor ist so instabil, daß er durch Lichteinfall zunächst gelblich und dann rötlich wird und bei Dunkelheit leuchtet – er phosphoresziert also. Phosphate sind auch in Lösungsmitteln enthalten.

16	**Schwefel (Sulphur)**	**S**	**32,064**	**B- u. C-Fam**

Von sulphur; ist seit dem Altertum bekannt. Wird in allen Bereichen der modernen Industrie eingesetzt, z.B. in der Kunststoffproduktion, bei Insektiziden und Gummireifen. Pro Kopf werden jährlich fast 100 Kilo Schwefel in Amerika produziert.

17	**Chlor**	**Cl**	**35,453**	**Halo**

Von chloros, gelblich-grün; wurde 1774 entdeckt. Verbindet sich mit fast so vielen Elementen wie Fluor. Es ist nicht so aggressiv, aber stark genug, um als Bleichmittel, Desinfektionsmittel und Giftgas eingesetzt zu werden. Reines Chlor wird normalerweise aus normalem Salz gewonnen.

18	**Argon**	**Ar**	**39,948**	**EdelG**

Von argon, inaktiv; wurde 1894 entdeckt. Das am häufigsten vorkommende Edelgas. Es hat einen Anteil von 0,934% an unserer Atemluft. In der Industrie wird es vor allem beim Schweißen eingesetzt; es verdrängt den Sauerstoff und verhindert dadurch das Oxidieren des glühenden Metalls. Es ist außerdem in unseren normalen Glühlampen enthalten.

19	**Kalium**	**K**	**39,1**	**Erd-/AlkaliM**

Wurde 1807 entdeckt. Das siebthäufigste Element in der Kruste der Erdoberfläche. Seine Radioaktivität kann, obwohl sie nicht sehr stark ist, beim Menschen zu Mißbildungen führen.

20	**Kalzium**	**Ca**	**40,08**	**Erd-/AlkaliM**

Von calx, Kalk – einem Oxyd des Kalzium; wurde 1808 entdeckt; fünfthäufigstes Element in der Kruste der Erdoberfläche. Ist im menschlichen Körper unverzichtbar. Der normale Anteil bei einem Erwachsenen ist etwa ein Kilo Kalzium, das zumeist in den Zähnen und Knochen vorkommt. Kalzium spielt außerdem bei der Regulierung des Herzschlags eine Rolle.

21	**Skandium**	**Sc**	**44,956**	**ÜbgM**

Von Skandinavien; wurde 1879 entdeckt. Obwohl man bisher keine praktischen Einsatzmöglichkeiten gefunden hat, ist das Potential dieses Metalls groß, weil es fast so leicht wie Aluminium ist, aber einen viel höheren Schmelzpunkt hat. 1960 produzierte man zum ersten Mal ein ganzes Pfund Skandium.

22	**Titan**	**Ti**	**47,9**	**ÜbgM**

Von Titan, dem Gott der griechischen Mythologie; wurde 1791 entdeckt. Obwohl es das neunthäufigste Element ist, wurde es erst vor kurzem in den Dienst der Menschheit gestellt. Seine weißen Dioxyde sind in besonders leuchtenden Farben enthalten. Das Metall selbst wird bei der Konstruktion von Überschallflugzeugen, wie z.B. der Concorde, verwendet.

23	Vanadium	V	50,942	ÜbgM

Benannt nach Vanadis, einer skandinavischen Göttin; wurde 1830 entdeckt. Dient zur Stahlveredelung. Hochfeste Legierungen für Bolzen, Achsen, Pleuelstangen und Kurbelwellen. Weniger als 1% Vanadium und ein wenig Chrom machen Stahl verschleißfest.

24	Chrom	Cr	51,996	ÜbgM

Von chroma, Farbe; wurde 1797 entdeckt. Ein hellsilbriges Metall, bildet Legierungen, die wegen ihrer leuchtend grünen, gelben, roten und orangen Farben geschätzt werden. Der Rubin erhält seine Farbe durch das darin enthaltene Chrom. Es läßt sich nicht nur in reiner Form, z.B. als Chrombeschichtung, verwenden, sondern auch in verschiedenen Legierungen für rostgeschützten Stahl.

25	Mangan	Mn	54,938	ÜbgM

Von magnes, Magnet – man hielt Manganerz ursprünglich für Magneteisenerz; wurde 1774 entdeckt. Mangan, welches Stahl härtet und gleichzeitig geschmeidig macht, scheint dieselbe Funktion in den Knochen von Tieren zu haben: ohne Mangan sind die Knochen porös und brechen leichter. Es aktiviert viele Enzyme.

26	Eisen	Fe	55,847	Metalle

Wurde von prähistorischen Menschen zum ersten Mal benutzt. Weil es das vierthäufigste Element und das billigste Metall ist, ist Eisen Grundbestandteil aller Stahlsorten. Es ist Bestandteil des Hämoglobins und transportiert im Blutkreislauf Sauerstoff.

27	Kobalt	Co	58,933	Metalle

Von Kobold, böser Geist (seine giftigen Erze waren früher sehr schwer abzubauen); wurde 1735 entdeckt. Jahrhundertelang verlieh das Kobalt Porzellan, Kacheln und Emaille die blaue Färbung. Kobaltlegierungen werden in Antriebsmaschinen für Jets verwendet.

28 Nickel Ni 58,7 Metalle

Von Kupfernickel, dem falschen Kupfer. Das rötliche Erz enthält Nickel, aber kein Kupfer; wurde 1751 entdeckt. Die Haltbarkeit von Nickel und seine Stabilität haben dazu geführt, daß es seit langem bei der Herstellung von Münzen eingesetzt wird – das amerikanische 5-Cent-Stück besteht zu 25% aus Nickel, der Rest ist Kupfer. Nickellegierungen rosten nicht.

29 Kupfer Cu 63,5 Metalle

Von cuprum, dem altertümlichen Namen für Zypern, das für seine Kupferminen berühmt ist; war schon in der Urzeit bekannt. Kupfer und Gold sind die beiden einzigen farbigen Metalle. In Gold- und Silberschmuck verwendet man meistens Legierungen mit Kupfer. Bronze ist eine Legierung aus Zinn und Kupfer. Ein „Kupferpfennig“ ist aus Bronze.

30 Zink Zn 65,38 Metalle

Wahrscheinlich von dem Wort Zinn; wurde im sechzehnten Jahrhundert durch den Alchemisten Paracelsus entdeckt, obwohl die Zink-Kupfer-Legierung Messing schon im Altertum bekannt war. Obwohl Zink eigentlich kein eingefärbtes Metall ist, hat es doch einen Blauschimmer. Es eignet sich besonders gut für Beschichtungen und wird vor allem in Taschenlampenbatterien verwendet.

31 Gallium Ga 69,72 Metalle

Von Gallien, dem alten Namen für Frankreich; wurde 1875 entdeckt. Ein Metall, das in der Hand schmilzt. Es ist eines der wenigen Metalle, das sich ausdehnt, wenn es gefriert, wie die Nichtmetalle und die meisten Gase. Es hat einen hohen Siedepunkt – 1983°C – und eignet sich deshalb hervorragend zum Messen von Temperaturen in Bereichen, wo andere Thermometer schmelzen würden.

32	**Germanium**	**Ge**	**72,59**	**HalbL**

Von Germania; wurde 1886 entdeckt. Das erste Metall der Kohlenstoff-Familie, Germanium, ähnelt dem Halbleiter Silizium. Es ist das erste Element, das für Transistoren benutzt wurde, es ersetzte die riesigen Vakuumröhren durch Teile, die nur etwa ein hundertstel Zentimeter dick waren.

33	**Arsen**	**As**	**74,933**	**HalbL**

Von arsenikos, männlich (die Griechen glaubten, daß Metalle von unterschiedlichem Geschlecht waren); wurde ungefähr 1250 entdeckt. Ein Nichtmetall mit einigen wenigen metallischen Eigenschaften. Es ist zwar giftig, doch einige seiner Verbindungen werden in Medikamenten verwendet. Wenn es erhitzt wird, „verflüchtigt“ es sich sofort – die festen Bestandteile verdunsten direkt.

34	**Selen**	**Se**	**78,96**	**HalbL**

Von Selene, Mond; wurde 1817 entdeckt; existiert sowohl als Metall als auch als Nichtmetall. Im Gegensatz zu anderen elektrischen Leitern variiert die Leitfähigkeit von Selen je nach Lichtstärke. Wegen dieser „photoelektrischen“ Eigenschaft wird es in elektronischen Überwachungskameras, Solarzellen, Fernsehkameras und Lichtmeßgeräten eingesetzt.

35	**Brom**	**Br**	**79,9**	**Halo**

Von bromos, Gestank; wurde 1826 entdeckt; eine rötliche, dickflüssige, dampfende Flüssigkeit, die faulig riecht. Brom ist ein sehr wirkungsvolles Desinfektionsmittel. Zu seinen Verbindungen gehören die Bromide, die in Sedativen, aber auch als Anti-Klopf-Mittel im Benzin verwendet werden, damit Motore ruhig laufen.

36	**Krypton**	**Kr**	**83,8**	**EdelG**

Von kryptos, versteckt; wurde 1898 entdeckt. Radioaktives Krypton wird benutzt, um die russische Nuklearproduktion zu überwachen. Da dieses Gas ein Nebenprodukt aller Nuklearreaktoren ist, kann man den russischen Anteil dadurch ermitteln, daß man aus der insgesamt in der Luft enthaltenen Menge die der westlichen Reaktoren abzieht.

37 Rubidium Rb 85,47 Erd-/AlkaliM

Von rubidus, rot (Rubidiumsalze werden rot, wenn sie verbrennen); wurde 1861 entdeckt. Wird in elektronischen Überwachungskameras benutzt und kann auch als Weltraumtreibstoff benutzt werden. Genau wie Kalium ist es leicht radioaktiv und wird bei der Lokalisierung von Gehirntumoren eingesetzt, weil es sich zwar in Tumoren, aber nicht in normalem Gewebe anreichert.

38 Strontium Sr 87,62 Erd-/AlkaliM

Von Strontian, Schottland; wurde 1790 entdeckt; ein seltenes Metall, das eine Art böses „alter ego" des lebensnotwendigen Kalziums ist. Das radioaktive Strontium 90 ist in dem atomaren Fallout enthalten. Es wird vom Knochengewebe anstelle von Kalzium aufgenommen; bei ausreichender Menge zerstört es das Kalzium und kann Krebs erregen.

39 Yttrium Y 88,9 ÜbgM

Benannt nach der Stadt Ytterby in Schweden, wo es 1794 entdeckt wurde; ein schuppiges Leichtmetall mit eisengrauem Schimmer. Yttrium 90, ein radioaktives Isotop, hat eine sehr wichtige Funktion in Nadeln, die anstelle eines Skalpells benutzt werden, wenn die schmerzübertragenden Nerven im Rückenmark blockiert werden sollen.

40 Zirkon Zr 91,22 ÜbgM

Benannt nach Zirkonia, dem Halbedelstein, in welchem es 1789 zum ersten Mal entdeckt wurde. Ein Metall, das von Neutronen nicht angegriffen wird. Deshalb dient es als innere Beschichtung für Reaktoren in nuklearbetriebenen U-Booten und Atomkraftwerken. Es wird auch bei der Konstruktion von Jets und Raketen eingesetzt.

41 Niob Nb 92,906 ÜbgM

Benannt nach Niobe, der Tochter des griechischen Königs aus der Mythologie, Tantalus (Niobium kommt zusammen mit Tantal vor); wurde 1801 entdeckt. Wird in Stahl, Atomreaktoren, Flugzeugantrieben und Raketen verwendet. Bis 1950 war es unter dem Namen Colombium bekannt, von Columbus – einem poetischen Namen für Amerika, wo es zuerst entdeckt wurde.

42 Molybdän Mo 95,94 ÜbgM

Von molybdos, Blei, weil es zuerst in einem Erz gefunden wurde, das man irrtümlich für Bleierz hielt; wurde 1778 entdeckt. Es hat von allen Metallen den fünfthöchsten Schmelzpunkt und wird deshalb zur Beschichtung von Boilern, Gewehrläufen und Heizspiralen benutzt. Es gab zunächst keinen Kessel, in dem man es schmelzen konnte, bis man 1959 einen speziellen wassergekühlten Tiegel erfand.

43 Technetium Tc 98 ÜbgM

Von technetos, künstlich; wurde 1937 hergestellt. Es wurde zum ersten Mal hergestellt, als man Molybdän mit Atomen beschoß. Später fand man es in den Spaltprodukten des Urans.

44 Ruthenium Ru 101,07 Metalle

Von ruthenia, lateinisch für russisch; wurde 1844 entdeckt. Reines Ruthenium ist zu hart und spröde, um es zu verarbeiten. Es eignet sich jedoch sehr gut als „Härter", wenn es mit Platin legiert wird. Wenn man jedoch mehr als 15% Ruthenium verwendet, ruiniert man das Material, weil es für die Bearbeitung zu hart wird.

46 Palladium Pd 106,4 EdelM

Benannt nach dem Asteroid Pallas; wurde 1803 entdeckt. Es läuft nicht an und ist rostfrei. Deshalb wird Palladium in Kontakten von Telefonrelais und hochsensiblen chirurgischen Instrumenten eingesetzt. Es wird auch in der Zahnmedizin zur Härtung von Gold, Silber und anderen Metallen für Inlays und Brücken benutzt.

47	**Silber**	**Ag**	**107,87**	**EdelM**

Von dem alten englischen Wort Seolfor, Silber; das Zeichen Ag stammt von seinem lateinischen Namen: argentum; prähistorisch; der beste Leiter für Wärme und Elektrizität. Silbersalze werden in der Photographie eingesetzt; wenn Silberbromide Licht ausgesetzt werden, findet eine chemische Veränderung statt, die mit dem Entwickler sichtbar gemacht wird.

48	**Kadmium**	**Cd**	**112,4**	**SchwerM**

Von cadmia, Erde; wurde 1817 entdeckt; Kadmium kommt in der Natur zusammen mit Zink vor. Es eignet sich als Regelstabmaterial in Kernreaktoren zur Verlangsamung atomarer Kettenreaktionen und wird auch in Nickel-Kadmium-Batterien eingesetzt. Die hellen Sulfide färben das berühmte Kadmiumpigment, das gern von Malern verwendet wird, gelb.

49	**Indium**	**In**	**114,82**	**Metalle**

Unter einem Spektroskop erscheint es indigoblau; wurde 1863 entdeckt. Das Metall wird für Maschinengehäuse, in Transistoren und als „Kleber" für Glas benutzt. Es wird nicht sehr häufig eingesetzt, weil es relativ selten vorkommt. Allerdings entwickelte man eine sehr kleine, langlebige Indiumbatterie für elektronische Armbanduhren.

50	**Zinn**	**Sn**	**118,69**	**Metalle**

Altes englisches Wort (tin), das Zeichen Sn steht für stannum, dem lateinischen Namen für Zinn. Prähistorisch. Da Zinn nicht rostet oder korrodiert, ermöglichte es die Aufbewahrung von Nahrungsmitteln in Dosen. Eine Konservendose ist aus Stahlblech und hat eine etwa ein Hundertstel Millimeter dicke Zinnschicht. Jedes Jahr werden mehr als 40 Milliarden Dosen hergestellt.

51	**Antimon**	**Sb**	**121,75**	**HalbM**

Von antimonas, „Gegenteil von Solitude“ (tritt in der Regel in Verbindung mit anderen Elementen auf); das Zeichen Sb stammt von stibium, Markierung (es wurde früher als Augenbrauenstift verwendet). Wurde etwa 1450 entdeckt. Antimon wird mit Blei gemischt und in Batterien verwendet. Außerdem ist es in Letternmetall und Zinnlegierungen enthalten.

52	**Tellur**	**Te**	**127,60**	**HalbM**

Von tellus, die Erde; wurde 1782 entdeckt. Hat sowohl metallische als auch nichtmetallische Eigenschaften und deshalb einige Besonderheiten. Es fällt im Periodensystem „aus der Reihe“, weil es eine niedrigere Ordnungszahl, aber ein höheres Atomgewicht als Jod hat. Wenn man den Tellurdampf einatmet, riecht der Atem nach Knoblauch.

53	**Jod**	**J**	**126,90**	**Halo**

Von iodes, violet; wurde 1811 entdeckt. Ein blau-schwarzer Feststoff, der durch Erhitzen in einen violettfarbenen Dampf verwandelt wird. Früher wurde Jod aus Seetang gewonnen, heute aus jodhaltigen Salzsolen einiger Erdölquellen (USA). Die meisten Tafelsalze sind heutzutage als Nahrungsergänzung mit Jod versetzt; Jodmangel kann zu Schilddrüsenerkrankungen führen.

54	**Xenon**	**Xe**	**131,3**	**EdelG**

Von xenos, der Fremde; wurde 1898 entdeckt. Das seltenste Gas in der Atmosphäre. Es wird in speziellen Lichtquellen verwendet, wie z.B. den Glühlampen in elektrischen Blitzgeräten, die von professionellen Fotografen verwendet werden. In diesen Blitzgeräten erzeugt die hohe Spannung der Elektronenstruktur einen kurzen, sehr intensiven Blitz.

55	**Cäsium**	**Cs**	**132,91**	**Erd-/AlkaliM**

Von caesius, himmelblau (die Cäsium-Salze verbrennen mit bläulicher Flamme); wurde 1860 entdeckt, das weichste

Metall, wird schon bei 28 °C flüssig. Reagiert sehr leicht, kann begrenzt in Vakuumröhren und Atomuhren eingesetzt werden, die so genau sind, daß sie in zehn Generationen nicht mehr als fünf Sekunden von der tatsächlichen Uhrzeit abweichen.

56	**Barium**	**Ba**	**137,3**	**Erd-/AlkaliM**

Von baris, schwer oder dicht; wurde 1808 entdeckt. Dieses weiße Sulfat wird in der Medizin als Kontrastmittel eingesetzt, um den Verdauungstrakt auf Röntgenbildern sichtbar zu machen. Bariumnitrat verleiht Feuerwerksraketen die grüne Farbe.

57	**Lanthan**	**La**	**138,91**	**Lant**

Von lanthanein, verborgen liegen; wurde 1839 entdeckt; reagiert sehr leicht. Lanthan wird in teuren Fotolinsen verwendet, wo es die Lichtbrechung positiv beeinflußt. Radioaktives Lanthan wird zur Behandlung von Krebserkrankungen erprobt.

58	**Zer**	**Ce**	**140,12**	**Lant**

Benannt nach dem Asteroiden Ceres; wurde 1803 entdeckt; das am häufigsten vorkommende Lanthanid. Es ist Hauptbestandteil (fast 50%) des *Zermischmetalls* (Lanthanidgemisch). Zer wird in Legierungen verwendet, um hitzebeständige Teile für Flugzeugantriebsmaschinen herzustellen; das Zeroxyd wird als optisches Poliermittel benutzt.

59	**Praseodym**	**Pr**	**140,91**	**Lant**

Von prasios didymos, grüner Zwilling (weil die Praseodym-Salze grün sind); wurde 1885 entdeckt, als man es von seinem Lanthanoid-Zwilling Neodym trennte. Gemeinsam werden sie heute zur Herstellung von Schutzbrillen für Glasbläser verwendet, weil sie das gelbe Licht herausfiltern, das beim Glasblasen entsteht.

60 Neodym Nd 144,24 Lant

Von neos didymium, neuer Zwilling; wurde 1885 entdeckt. In reiner Form produziert man daraus das einzig bekannte hellrote Glas. In rohem Zustand wird es verwendet, um Glas zu entfärben, z.B. um Sonnenbrillen so zu behandeln, daß sie zwar vor der unerwünschten Infrarotstrahlung schützen, aber die bräunenden Sonnenstrahlen durchlassen.

61 Promethium Pm 145 Lant

Benannt nach Prometheus; wurde 1947 entdeckt. Das einzige Lanthanid, das in der Natur nie gefunden wurde. Es wird in Atomreaktoren produziert. Radioaktives Promethium in einer „Atombatterie", nicht größer als eine Stecknadel, versorgt die Instrumente, Uhren und Radios von ferngelenkten Raketen mit Energie.

62 Samarium Sm 150,36 Lant

Benannt nach dem Mineral Samarskite, nach einem russischen Minenverwalter, Colonel V.E. Samarsky; wurde 1879 entdeckt. Calciumchloridkristalle, die mit Samarium behandelt werden, werden in Lasergeräten verwendet – Geräte, die so intensive Lichtstrahlen erzeugen, daß man damit Metall schmelzen kann und die sogar vom Mond reflektiert werden.

63 Europium Eu 151,96 Lant

Benannt nach Europa; wurde 1896 entdeckt. Das reaktionsfähigste Lanthanid. Bis zum atomaren Zeitalter hatte dieses Metall keine praktische Verwendung. Doch jedes einzelne Europium-Atom kann mehr Neutronen absorbieren als jedes andere Element. Es wird deshalb für Regelstäbe (Neutronenabsorber) in Atomreaktoren eingesetzt.

64 Gadolinium Gd 157,25 Lant

Von dem Mineral Gadolinite, benannt nach einem finnischen Chemiker; wurde 1880 entdeckt. Es ist das mittlere der Seltenen Erden und trennt deshalb die leichteren Lanthanide, die Legierungen Geschmeidigkeit verleihen, von den schwereren, die vor allem zur Festigkeitssteigerung von Legierungen dienen.

65 Terbium Tb 158,9 Lant

Benannt nach der Stadt Ytterby in Schweden; wurde 1843 entdeckt; bekam seinen Namen von der Stadt, die auch drei anderen Elementen ihren Namen gab; den Lanthaniden Ytterbium und Erbium und dem Übergangsmetall Yttrium. Wie alle anderen Lanthanide neigt auch Terbium in reinem Zustand zur Selbstentzündung – leichtes Erwärmen reicht völlig aus, und es brennt.

66 Dysprosium Dy 162,5 Lant

Von dysoprositos, „schwer zu erreichen"; wurde 1886 entdeckt. Dysprosium wird vor allem in Atomreaktoren eingesetzt, wo es als nukleares „Gift" dient, das heißt, es absorbiert Neutronen und sorgt so dafür, daß eine Kettenreaktion, die Neutronen erzeugt, nicht außer Kontrolle gerät.

67 Holmium Ho 164,93 Lant

Benannt nach Holmia, dem lateinischen Namen von Stockholm; wurde 1879 entdeckt. Ebenso wie das Dysprosium ist das Holmium eine Seltene Erde, das freigesetzte Neutronen absorbieren kann. Es wird deshalb in Atomreaktoren eingesetzt, das heißt, es verbrennt, während es dafür sorgt, daß die Kettenreaktion nicht außer Kontrolle gerät.

68 Erbium Er 167,26 Lant

Benannt nach Ytterby, einer Stadt in Schweden; wurde 1843 entdeckt. Wird in Keramik als Erbiumoxyd verwendet, es erzeugt eine rosafarbene Glasur. Erbium, Holmium und Dysprosium sind bezüglich ihrer chemischen und physikalischen Eigenschaften fast identisch. Sie unterscheiden sich nur durch ein Elektron in ihrem dritten inneren Kreis.

69	Thulium	Tm	168,93	Lant

Von Thule, Nordland; wurde 1879 entdeckt. Wenn es in einem Atomreaktor bestrahlt wird, zerfällt Thulium in ein Atom, das radioaktiv strahlt. Ein winzig kleine Menge dieses Atoms wird zur Herstellung für leichte tragbare medizinische Röntgengeräte benutzt. Das „heiße" Thulium wird dann alle paar Monate ausgetauscht.

70	Ytterbium	Yb	173,04	Lant

Benannt nach Ytterby, einer Stadt in Schweden; wurde 1907 entdeckt. Dieses Element ist bisher eigentlich nur als Laborwunder bekannt. Doch vor kurzem fand man es zusammen mit anderen Lanthaniden in Russland in einem Mineral, das man Gagarinite, nach dem ersten Astronauten, nannte. Es oxidiert leicht.

71	Lutetium	Lu	174,97	Lant

Benannt nach Lutetia, dem altertümlichen Namen für Paris; wurde 1907 entdeckt. Das schwerste der Lanthanide. Obwohl Lanthanidlegierungen, wie *Zermischmetall*, billig sind, ist reines Lutetium sehr teuer. Viele seiner chemischen und physikalischen Eigenschaften sind noch unbekannt, und es ist daher bisher von keinem praktischen Nutzen.

72	Hafnium		178,49	Lant

Benannt nach Hafnia, dem lateinischen Namen für Kopenhagen; wurde 1923 entdeckt. Ein „Wundermetall" des atomaren Zeitalters, denn es absorbiert besonders gut Neutronen. Es wird deshalb als Neutronenabsorber in Atomreaktoren eingesetzt, um die atomare Kettenreaktion zu verlangsamen und atomare „Brände" zu löschen.

73	Tantalium	Ta	180,95	Lant

Benannt nach dem König Tantalus aus der griechischen Mythologie; wurde 1802 entdeckt. Da es praktisch nicht korrodieren kann, wird es vor allem bei medizinischen Eingriffen in den menschlichen Körper eingesetzt; es kann als Knochenersatz dienen (z.B. in Schädelplatten); als Folie oder Draht, mit dem zerrissene Nerven wieder verbunden werden; als Gazegewebe verbindet es Unterleibsmuskeln.

74	**Wolfram**	**W**	**183,85**	**Lant**

Wurde 1783 entdeckt. Es hat von allen Metallen den höchsten Schmelzpunkt – bei 3.410°C – und widersteht deshalb der intensiven Hitze in Glühbirnen. Neue „schmerzfreie" Dentalbohrer mit „Wolframspitze", drehen sich in einer ultra-hohen Geschwindigkeit.

75	**Rhenium**	**Re**	**186,2**	**Lant**

Benannt nach den Rheingebieten; wurde 1925 entdeckt. Rhenium steht bei der Seltenheit der Elemente an neunter Stelle und hat den zweithöchsten Schmelzpunkt. Es wird in Thermometern benutzt, die besonders hohe Temperaturen messen sollen (und in den Kontaktpunkten in elektrischen Schaltern).

76	**Osmium**	**Os**	**190,2**	**Lant**

Von osme, Geruch; wurde 1804 entdeckt. Ein Metall mit beißendem Geruch, das in Legierungen mit besonderer Härte verwendet wird. Nadelspitzen und Plattenspielernadeln mit „lebenslanger Garantie" enthalten 60% Osmium. Es ist das dichteste bekannte Metall: Ein ziegelsteingroßes Stück Osmium wiegt ungefähr 28 Kilogramm.

77	**Iridium**	**Ir**	**192,2**	**EdelM**

Von Iris oder Regenbogen, wegen seiner farbenfrohen Salze; wurde 1804 entdeckt. Sehr hart und deshalb besonders schwer zu bearbeiten. Iridium wird benutzt, um andere Metalle zu härten. Iridiumlegierungen werden zu Metallstücken verarbeitet, die als Standardgewichte und -maße dienen. Der international gültige „Normmeter" besteht aus Platin-Iridium.

78 Platin Pt 195,08 EdelM

Von platina, kleines Silberkörnchen; wurde im 16. Jahrhundert entdeckt. Es kommt in großen Stücken vor, die bis zu 10 Kilogramm wiegen können, und wird nicht nur für Gewichte und Maße, sondern auch in Katalysatoren, empfindlichen Instrumenten und elektronischen Geräten verwendet. Sein Preis (teurer als Gold) hat dazu geführt, daß Platinschmuck mit einem Echtheitsstempel versehen werden muß.

79 Gold Au 196,97 EdelM

Benannt nach dem alten englischen Wort geolo, gelb; das Zeichen Au stammt von dem lateinischen Namen aurum; vorhistorisch; das geschmeidigste Metall. Die Gier des Menschen nach Gold war eine Täuschung, denn es bietet kaum mehr als goldenen Glanz. Seit der Herstellung von korrosionsfreien elektrischen Kontakten wird es auch für andere Zwecke als für Münzen, Schmuck und zur Reparatur von Zähnen eingesetzt.

80 Quecksilber Hg 200,59 SchwerM

Das Zeichen Hg steht für hydrargyrum, flüssiges Silber; vorhistorisch. Es wird in den Glasröhren von Thermometern und Barometern verwendet sowie in einer Verbindung (Amalgam) für Zahninlays und geräuschlose elektrische Schalter. Gasförmiges Quecksilber wird in den modernen blauweiß strahlenden Straßenlaternen eingesetzt.

81 Thallium Tl 204,38 SchwerM

Benannt nach thallos, junger Trieb; wurde 1861 entdeckt. Es wird hauptsächlich in Thalliumsulfat als tödliches Rattengift eingesetzt. Es ist geruchs- und geschmacklos und ergibt mit Mehl, Zucker, Gylzerin und Wasser vermischt ein verlockendes Mittelchen gegen häusliche Plagegeister.

82	Blei	Pb	207,2	SchwerM

Das Zeichen Pb stammt von dem lateinischen Namen plumbum. Vorhistorisch. Sehr widerstandsfähig, wird deshalb seit Jahrhunderten vor allem für Wasserleitungen verwendet. Wasserleitungen aus Blei transportierten schon im Alten Rom das Wasser der römischen Bäder und waren, als man sie ausgrub, noch immer funktionsfähig.

83	Wismut	Bi	208,98	HalbL

Abgeleitet von dem Wort Wismuth oder weiße Masse; wurde 1450 entdeckt. Das metallischste Mitglied dieser Gruppe schmilzt erst bei 2.717°C, in Legierungen aber sogar schon bei 47°C. Es wird sehr häufig in elektrischen Sicherungen, zum Löten und für Sprinkleranlagen verwendet.

84	Polonium	Po	209	HalbM

Benannt nach Polen; wurde 1898 von Pierre und Marie Curie in Pechblende gefunden. Es ist das seltenste natürliche Element und das erste, das die beiden Curies entdeckten. Wird verwendet als Alpha-Strahler für wissenschaftliche Zwecke.

85	Astat	At	210	Halo

Abgeleitet von astatos, instabil; wurde 1940 entdeckt. Astat, das man gewinnt, indem man Wismutatome mit Heliumatomen beschießt, ist radioaktiv und hat eine maximale Halbwertszeit von 8,3 Stunden. Die Entdeckung dieses Elements wurde im Notizbuch des amerikanischen Phyikers D.R. Corson festgehalten.

86	Radon	Rn	222	EdelG

Abgeleitet von Radium; wurde 1900 entdeckt. Schwerstes gasförmiges Element. Wird von Radium abgesondert und ist selbst radioaktiv; es zerfällt zu radioaktivem Polonium und Alphastrahlen. Diese Strahlung macht Radon so wirkungsvoll in der Behandlung von Krebserkrankungen; Nadeln aus Gold, gefüllt mit diesem Gas, werden in das erkrankte Gewebe eingepflanzt.

87	Francium	Fr	223	Erd-/AlkaliM

Abgeleitet von Frankreich; wurde 1939 entdeckt. Ein kurzlebiges Produkt, das beim Zerfall von Actinium entsteht. Deshalb hat es bisher nie jemand tatsächlich gesehen. Eine Kurve im Notizbuch seiner Entdeckerin, Marguerite Perey, einer ehemaligen Assistentin von Marie Curie, identifizierte dieses Element anhand seiner radioaktiven Strahlung.

88	Radium	Ra	226	Erd-/AlkaliM

Von Radius; wurde 1898 von Pierre und Marie Curie entdeckt; es ist das sechstseltenste Element. Radiumbromid wird mit Zinksulfid vermischt und in Leuchtziffern für Uhren verwendet. Das Radium gibt gefährliche Strahlung ab, die das Zinksulfid zum Glühen bringt.

89	Actinium	Ac	227	Actin

Abgeleitet von aktinos, Strahlung; wurde 1899 entdeckt. Das zweitseltenste Element. Kommt in Pechblende vor. Hat eine Halbwertszeit von 22 Jahren und zerfällt in Francium und Helium.

90	Thorium	Th	232,04	Actin

Benannt nach Thor, dem skandinavischen Kriegsgott; wurde 1828 entdeckt. Thorium kann anstelle des seltenen Uran als Reaktortreibstoff benutzt werden, weil es sich leicht in Uran umwandeln läßt. Es kommt fast so häufig vor wie Blei; das gesamte Thoriumvorkommen der Erde enthält mehr Energie als alle Uran-, Kohle-, Öl- und die andere Energievorkommen zusammen.

91	Protactinium	Pa	231	Actin

Abgeleitet von protos, der/das erste; ist die Vorstufe von Actinium, das beim radioaktiven Zerfall entsteht; wurde 1917 entdeckt. Es ist das drittseltenste Element und kann mit modernen chemischen Verfahren aus Thorium oder Uran gewonnen werden.

92	Uran	U	238,03	Actin

Benannt nach dem Planeten Uranus; wurde 1789 entdeckt; hat die größte rel. Atommasse unter den natürlichen Elementen. Die am häufigsten vorkommende Form hat eine Halbwertszeit von 4.500 Millionen Jahren. In einem Atomreaktor erzeugt es Neutronen, um die Kettenreaktion aufrechtzuerhalten.

93	Neptunium	Np	237	Actin

Benannt nach Neptun, dem Planeten hinter Uranus; wurde 1940 entdeckt. Neptunium war das erste „synthetische" Element, das man aus Uran herstellte, und zwar zunächst in nicht sichtbaren und nicht meßbaren Mengen. Spuren des Neptunium findet man in Uranerz. Es wird von den freigesetzten Neutronen produziert, die beim Zerfall von Uran anfallen.

94	Plutonium	Pu	244	Actin

Benannt nach Pluto, dem Planeten hinter Neptun; wurde 1940 entdeckt. Plutonium wurde anstelle von Uran in einigen der ersten Atombomben verwendet. In einem Code, den ein Physiker während des Krieges verwendete, bezeichnete er das Plutonium als „Kupfer"; Kupfer selbst wurde dann in „cuprum verum" umbenannt.

95	Amerizium	Am	243	Actin

Benannt nach Amerika, analog zu dem seltenen Europium; wurde 1944 entdeckt. Amerizium wird hergestellt, indem man Plutonium mit Neutronen beschießt. Es wurde bisher in Mengen von wenigen Gramm erzeugt, was in der Welt dieser Elemente allerdings schon ein wahrer Überfluß ist.

96	Curium	Cm	247	Actin

Zu Ehren von Pierre und Marie Curie, Pioniere auf dem Gebiet der Radioaktivität; wurde 1944 entdeckt. Curium, das eine Halbwertszeit von 19 Jahren hat, ist ein Zerfallsprodukt des Amerizium. Die erste bekannte Verbindung des Curiums ist das Curiumhydroxid.

97	Berkelium	Bk	247	Actin

Benannt nach Berkeley, dem Sitz der Universität von Kalifornien. Die Wissenschaftler, die alle 11 der Transuran-Elemente entdeckt haben, waren hier tätig; wurde 1949 entdeckt. Viele winzig kleine Mengen Berkelium wurden seither gewonnen.

98	Californium	Cf	251	Actin

Nach dem Staat und der Universität von Kalifornien benannt; wurde 1950 entdeckt. Erst ab 1960 existierte Californium überhaupt in sichtbaren Mengen.

99	Einsteinium	Es	252	Actin

Benannt nach Albert Einstein; wurde 1952 entdeckt. Es wurde zuerst 1952 in den Trümmern nach der Wasserstoffbombenexplosion bei Eniwetok im Pazifischen Ozean entdeckt, nachdem Tonnen von radioaktiven Korallen der Atolle in der Umgebung durchgesiebt und untersucht worden waren. Später wurde das Element in einem Nuklearreaktor hergestellt.

100	Fermium	Fm	257	Actin

Benannt nach Enrico Fermi; wurde 1953 entdeckt. Fermium wurde, wie Einsteinium, zum ersten Mal 1952 aus den Trümmern der Wasserstoffbombentests isoliert. Es war bei der Uranspaltung entstanden. Wegen seiner kurzen Lebensdauer bezweifeln Wissenschaftler, daß man jemals genug Fermium gewinnen wird, um es wiegen zu können.

101	Mendelevium	Md	258	Actin

Benannt nach Dmitri Mendeleyev, der das Periodensystem entwickelte; wurde 1955 entdeckt. Als man die allerkleinste, nicht zu wiegende Menge Einsteinium mit Heliumatomen beschoß, identifizierten Wissenschaflter eine unvorstellbar kleine Menge Mendelevium – ein bis drei Atome pro Beschuß.

102 Nobelium No 259 Actin

Benannt nach Alfred Nobel. Es ist zweifelhaft, ob es im Jahr 1957 entdeckt wurde, mit Sicherheit aber 1958 von einem Wissenschaftlerteam der Universität von Kalifornien. Es wurde zwar nicht das Nobelium selbst beobachtet, aber Atome des Fermium 250 – „Tochteratome", die beim Zerfall von Nobelium entstehen.

103 Lawrencium Lr 260 Actin

Benannt nach Ernest O. Lawrence. Wurde 1961 in den Lawrence Radiation Laboratories entdeckt. Es wurde durch den Beschuß von Californium mit Bor in einer Kammer, die mit einem Leiter aus Kupfer versehen war, der die neuen Atome eines nach dem anderen zur Identifizierung zu einem Strahlendetektor beförderte, entdeckt.

104 Unnilquadium Unq 261 Actin

Ursprünglich benannt nach Lord Ernest Rutherford, wurde es 1969 im Lawrence Radiation Laboratory produziert, indem man Californium mit Karbonatomen beschoß. Sowjetische Wissenschaftler hatten bereits vorher die Entdeckung des Elements 104 verkündet, doch dies wurde international nicht anerkannt.

105 Unnilpentium Unp 262 Actin

Ursprünglich nach dem Deutschen Otto Hahn benannt, einem der Entdecker der Uranspaltung. Es wurde 1970 durch den Beschuß von Californium mit Nitrogenatomen gewonnen. Der Name dieses Elements wurde vor kurzem von der Internationalen Vereinigung reiner und angewandter Chemie bestätigt.

Wenn Sie sich die Grundelemente eingeprägt und ihre wichtigsten Eigenschaften verstanden haben, ist Ihr Gehirn bereit für das faszinierendste Abenteuer, das Sie sich vorstellen können!

19 Das Sonnensystem

Während der letzten fünf Jahrhunderte hat die Menschheit fasziniert und mit immer schneller wachsendem Wissen entdeckt, daß die Nachbarplaneten (Wanderer) unseres Sonnensystems nicht einfach nur bloße Felsbrocken sind. Jeder einzelne bildet eine erstaunlich andere Welt und spielt bei der Suche nach unserer Herkunft eine eigene Rolle.

Zu den Planeten unseres Sonnensystems gehören solche mit einer Oberfläche so heiß wie ein Schmelzofen; einer mit einer dicken Wolkendecke, die seine Geheimnisse vor uns verbirgt und die wir gerade zu durchdringen versuchen; einer mit einer Oberfläche, die den Wüsten Australiens ähnelt und auf dem durchaus Leben denkbar ist; einer, der größer ist als alle anderen zusammen und der ein riesiges rotes Auge hat, das bisher noch nicht ganz erforscht ist und das die Erde einfach verschlucken könnte; einer mit riesigen Ringen drumherum und merkwürdigen Monden, auf denen ebenfalls Leben möglich sein könnte; einer, der mit riesigen Ozeanen aus flüssigem Gas bedeckt ist und einen Kern hat, der der Erde ähnelt; und all diese Planeten werden genau in diesem Moment erforscht, in dem Sie dieses Buch lesen.

Zum jetzigen Zeitpunkt der Geschichte ist unser Sonnensystem für uns das gleiche, wie der Rest der Welt für die ersten europäischen Entdecker war: das große Unbekannte, das Gebiet unserer nächsten großen Entdeckungen und Abenteuer. Eine Umgebung, die unsere Kinder, Enkel und Urenkel vielleicht einmal ihr Zuhause nennen.

Das Wissen über unser Sonnensystem bietet Ihnen eine Grundlage intellektueller „Haken“, an die Sie Ihr Wissen über das Universum anhängen können. Wenn Sie das tun, bekommen Sie eine bessere Vorstellung davon, welchen Platz Sie in diesem ganzen System einnehmen, und damit werden Sie Teilnehmer an den beiden großen intellektuellen Abenteuern, auf die man sich einlassen kann: die Reise in die Geheimnisse des Gehirns und in die Geheimnisse des Universums.

In diesem speziellen Wissensbereich sind Sie ja schon fast ein Experte, denn Sie haben bereits die erste Aufgabe gelöst und die Erklärungen auf den Seiten 22ff. von Kapitel 3 durchgearbeitet.

Dieses Kapitel soll Sie dazu ermutigen, diesen Wissensbereich weiter auszubauen und Ihre Reise fortzusetzen ...

Das Sonnensystem

	Merkur	Venus	Erde	Mars	Jupiter	Saturn	Uranus	Neptun	Pluto
mittlerer Abstand von der Sonne (in Mio. km)	58	108,2	149,5	227,95	778	1426	2870	4496,5	5900
Äquatordurchmesser (in km)	4878	12104	12756,28	6794,4	142796	120000	51200	48600	2983
Masse (in Erdmasse)	0,055	0,814	1,000	0,107	317,8	95,16	14,55	17,23	0,0026 (?)
Dichte (in g/cm3)	5,43	5,24	5,52	3,93	1,33	0,71	1,31	1,77	1,1
Volumen (Erde = 1)	0,06	0,86	1,00	0,15	1,323	752	64	54	0,01
Umrundung der Sonne	88,0 d	224,7 d	365,26 d	687,0 d	11,86 d	29,46 d	84,01 d	164,8 d	247,7 d
Umdrehung (in Tagen)	58,65	243,0	0,9973	1,0260	0,410	0,427	0,45	0,67	6,3867
mittlere Umlaufgeschwindigkeit (in km/s)	47,9	35,0	29,8	24,1	13,1	9,6	6,8	5,4	4,7
Bahnneigung gegen die Ekliptik (in °)	7,0	3,2	0,0	1,8	1,3	2,5	0,8	1,8	17,2
Gravitation (Erde = 1)	0,38	0,90	1,00	0,38	2,53	1,07	0,92	1,19	0,05 (?)

Merkur	Venus	Erde	Mars	Jupiter	Saturn	Uranus	Neptun	Pluto
-	-	Mond	Phobos	Io	Mimas	Ariel	Triton	Charon
-	-		Deimos	Europa	Enceladus	Umbriel	Nereid	
				Ganymede	Tethys	Titania	Naiad	
				Callisto	Dione	Oberon	Thalassa	
				Amalthea	Rhea	Miranda	Despina	
				Himalia	Titan	Cordelia	Galatea	
				Elara	Hyperion	Ophelia	Larissa	
				Pasiphae	Iapetus	Bianca	Proteus	
				Sinope	Phoebe	Cressida		
				Lysithea	Janus	Desdemona		
				Carme	Epimetheus	Juliet		
				Ananke	Helene	Portia		
				Thebe	Telesto	Rosalind		
				Adrastea	Calypso	Belinda		
				Metis	Atlas	Puck		
					Prometheus	Caliban		
					Pandora	Sycorax		
					Pan			

Die Monde der Planeten

Asteroide sind riesige Steinklumpen, die zwischen Mars und Jupiter die Sonne umkreisen. Man nennt sie auch Kleinplaneten. Es gibt über 40.000 davon.

20 Wie man sein gesamtes Leben memoriert: Ihr Erinnerungsvermögen und Ihre Zukunft

Wenn Sie sich die wichtigsten Elemente Ihrer Vergangenheit, der Gegenwart und Ihrer Zukunft einprägen möchten, erleichtert Ihnen das SEM^3 diese Aufgabe ganz erheblich.

Ordnen Sie jedem Monat einen Schlüsselbegriff zu. Auf diese Weise können Sie sich mit ein paar wichtigen Begriffen und dem Verknüpfungssystem mit nur 100 Schlüsselwörtern in der Self-Enhancing Master Memory Matrix schon acht Jahre Ihres Lebens einprägen.

Sie können sich das Merken vereinfachen, wenn Sie ein Tagebuch oder ein Selbstmanagementsystem, wie z.B. den Universal Personal Organiser (UPO) verwenden, der im Buzan Center erhältlich ist (siehe Anhang). In einem solchen System werden alle hier dargestellten Gedächtnisprinzipien und -techniken angewendet, das Jahr, die Monate und Tage werden so geordnet, daß Sie Ihre beiden Gehirnhälften und alle Gedächtnisfähigkeiten einsetzen können. So können Sie sich all die Aspekte Ihres Lebens einprägen, die Sie für wichtig halten.

Der Traum, sich ein ganzes Leben einzuprägen, war schon immer eine der unerreichbar scheinenden Visionen der Menschheit. Sie haben ja schon in Kapitel 8 etwas über die erstaunlichen Leistungen des Ireneo Funes gelesen, dessen Fähigkeiten Sie möglicherweise (bevor Sie dieses Buch gelesen haben) für völlig undenkbar hielten. Jetzt wissen Sie, daß solche Leistungen möglich sind, und Sie wissen auch, daß sie es auf jeden Fall wert sind, erreicht zu werden. Jean-Jacques Rousseau, der berühmte französische Autor, Philosoph und Dichter schrieb 1770:

En écrivant mes souvenirs je me rappelerai le temps passé, qui doublera pour ainsi dire mon existence.

Indem ich meine Erinnerungen aufschreibe, denke ich an die vergangenen Zeiten, was sozusagen mein Dasein dupliziert.

Das SEM^3 bietet Ihnen die Möglichkeit, Ihr Dasein zu duplizieren. Gleichzeitig wird es Ihre Wertschätzung und die Freude an dieser Existenz verdoppeln. Nutzen Sie die Gelegenheit – das Ziel liegt in greifbarer Nähe.

Abschließend – Ihre Zukunft

Nun haben Sie *Power Brain: Das Toni Buzan-Training* zum ersten Mal durchgelesen, und Sie sind auf dem besten Wege, die notwendige „Software" für die erstaunliche „Hardware" Ihres Super-Bio-Computer-Gehirns zu erstellen.

Mit der Bewältigung dieser Aufgabe steigern Sie Ihre geistige Leistungsfähigkeit und das Vergnügen, Ihr Gehirn zu benutzen, für den Rest Ihres Lebens.

Seit der Erfindung des SEM^3 engagieren sich immer mehr Menschen in Netzwerken und Vereinen zu diesem Thema. Sie können hier Gleichgesinnte finden, die Sie bei dieser phantastischen Reise unterstützen.

Im Anhang finden Sie Informationen über diese Organisationen, falls Sie Ihre Reise fortsetzen möchten …

Es war mir ein Vergnügen, meine Erinnerungen mit Ihnen zu teilen; ich freue mich schon jetzt darauf, *zukünftige* Erinnerungen mit Ihnen zu teilen.

Anhang

Die wichtigsten Wissensbereiche

Die Mnemons, eine vom Autor gegründete Vereinigung, die von Dr. Sue Whiting GM geleitet wird, empfiehlt folgende SEM^3-Aufteilung für die wichtigsten Wissensbereiche:

Wissensbereich	**SEM^3-Abschnitt**
Genies	1000 - 1199
Maler	1200 - 1399
Komponisten	1400 - 1599
Wissenschaftler	1600 - 1799
Dichter	1800 - 1999
Deutsche Staatsoberhäupter ab dem Deutschen Reich (1871)	2000 - 2099
Geographie	4000 - 4099
Sprachen	5000 - 5999
Shakespeare	7000 - 7499
Die Elemente	8000 - 8199
Der menschliche Körper	8200 - 8599
Ihr Leben	9000 - 10.000+!

Stichwortverzeichnis

Literaturhinweise

Baddeley, Alan D: Die Psychologie des Gedächtnisses. Einf. v. Aebli, Hans. 1979. Klett-Cotta

Borges, Jorge L: Fiktionen. Erzählungen 1942-1944. 4. Aufl. 1998. Fischer Taschenbuch

Buzan, Ton /Buzan, Barry: Das Mind-Map-Buch. 4. Aufl. 1998. mvg

Buzan, Tony /Israel, Richard: Brain Selling. Kopftraining für Verkäufer. 1996. mvg

Buzan, Tony: Kopf Training. Anleitung zum kreativen Denken. Tests und Übungen. 1995. Goldmann

Buzan, Tony /Stanek, Wolfram: Memory Power. Die Gebrauchsanweisung für Ihr Gehirn. 1998. Augustus

Buzan, Tony /North, Vanda: Mind Mapping - Der Schlüssel für deinen Lernerfolg. 1997. Hölder-Pichler-Tempsky

Buzan, Tony: Nichts vergessen! Kopftraining für ein Supergedächtnis. 1995. Goldmann

Buzan, Tony: Speed Reading. Schneller lesen - mehr verstehen - besser behalten. 4. Aufl. 1998. mvg

Yates, Frances A: Gedächtnis und Erinnern. Mnemonik von Aristoteles bis Shakespeare. 4. Aufl. 1997. Akademie Vlg

Adressen

Seminarangebote und weitere Informationen erhalten Sie beim Buzan Centre Austria, Herrn Peter Capek, lizensierter Master Trainer für alle Buzan-Trainingsprogramme.

Buzan Centre Austria

Geschäftsführer Peter Capek, A-1010 Wien,
Trattnerhof 2
Tel. (+43-1) 533 70 01, Fax (+43-1) 532 85 21
E-Mail: buzancentre@capek.com
Homepage: http://www.capek.com